최경환 자전 에세이

배움의 시간

최경환 자전 에세이

배움의 시간

첫판 1쇄 펴낸날 2012년 1월 5일

지은이 | 최경환
펴낸이 | 박성규

펴낸곳 | 도서출판 아침이슬
등록 | 1999년 1월 9일(제10-1699호)
주소 | 서울 은평구 신사동 25-6(122-080)
전화 | 02) 332-6106
팩스 | 02) 322-1740
이메일 | 21cmdew@hanmail.net

ISBN 978-89-6429-119-1 03990

최경환 자전 에세이

배움의 시간

마지막 비서관, 김대중 전도사에서 국민의 비서관으로의 새로운 출발

아침이슬

새로운 출발점에 서서

내가 돌아갈 곳

함께 고등학교를 다닌 친구들 이야기다. 한 친구는 조만간 다가올 퇴직 준비를 오래전부터 하고 있다. 은행 지점장으로 있는 이 친구는 문화 콘텐츠와 엔터테인먼트를 배우는 대학원을 다니며 관련 분야 공부를 열심히 하고 있다. 글도 쓰고 가끔씩 대학에서 강의를 하기도 한다. 다른 한 친구는 국내에서 내로라하는 법률회사 로펌에 재직 중인데 밤에 시간을 내어 농과대학을 다니고 있다. '쌀 한 톨이 몇 톨의 쌀을 맺게 하는지 아느냐? 농사야말로 최고의 생산력을 갖고 있다.'며 퇴직 후 귀농을 준비하고 있다. 정년은 정해져 있지만 정년대로 근무할 수 있는 직장도 많지 않고, 본인들 역시 정년을 채울 생각이 없다. 모두 다가올 퇴직을 준비하며 인생 이모작을 준비하고 있는 것이다.

친구들의 이런 모습을 보며 나를 다시 한 번 되돌아본다. 나의 현주

소는 어디이고, 어디로 가고 있는가? 나는 고등학교 졸업 후 30여 년이 지나는 동안 전반 15년, 즉 20대와 30대 초반까지는 학생운동과 투옥, 그리고 이어지는 민주화운동 전선에서 차디찬 바람 앞에 서 있었고, 이후 15년은 정치적 격동기의 한복판에서 보람되고 가슴 벅찬 순간을 체험했다. 국회 보좌관, 정권 교체의 현장, 김대중 대통령과 함께한 청와대 생활, 그리고 퇴임하신 김대중 대통령을 모시다가 대통령님의 임종을 지킨 마지막 비서관이라는, 분에 넘치는 이름을 얻기도 했다. 나는 지금까지 살아온 일이 내 스스로 원했던 일보다는 어떤 운명의 손에 이끌려온 것 같다는 생각을 많이 한다.

나에게 정치는 항상 가까이 있었다. 학생운동 시절에도, 재야운동 시절에도 항상 현실정치는 가까이 있었다. 우리는 늘 정치권의 동향을 분석하고 운동의 방향을 토론했다. 내가 참여한 학생운동과 재야운동은 환경문제나 생활이슈를 다루는 시민운동이 아니었다. 반독재 민주화운동, 즉 정치투쟁의 영역이었다. 국회, 청와대에서는 두말할 것도 없이 항상 정치를 다뤘다.

이처럼 정치는 나에게 항상 가까운 곳에 있었지만 내가 주인공으로 정치에 직접 참여하지는 않았다. '운동권 출신이나 비서가 정치인이 되는 것이 뭐가 특별한 일이냐?'고 할지 모르겠지만, 실제 그 차이는 너무도 크다. 왜냐하면 정치는 자신의 얼굴과 이름을 내세우고, 자신의 전부를 걸고 앞장을 서야 되기 때문이다. 더불어 정치는 자신의 모든 사적 영역까지를 내보여주면서까지 무대에 올라야 하는 일이기 때문이다.

정치 컨설팅을 하는 한 후배가 이런 조언을 했다.

"정치에는 항상 성공만 있는 게 아니고 실패하는 경우도 있습니다. 당선만 있는 게 아니고, 낙선의 경우도 있습니다. 실패하고 낙선했을 때 돌아갈 가족이나 친구들이 있으면 정치를 해보세요."

후배는 또 "정치는 아주 고단한 일"이라고 강조했다. 그리고 정치에 필요한 조직과 돈은 노력하면 되는 일이지만, 불확실한 상황, 불투명한 전망 속에서 자신을 버텨내는 일이 쉽지 않은 일이라고 말했다.

나는 주위를 돌아봤다. 내가 최악의 경우, 즉 현실정치에 실패했을 경우 나를 받아줄 가족이 있는가, 친구들이 있는가. 그리고 나를 돌아보았다. 과연 나는 그 힘든 시간을 버텨내고 이겨낼 용기와 자신이 있는가.

정치 참여 결심

나는 2009년 9월 김대중 대통령의 임종을 지켜보면서 정치에 참여하기로 결심했다. 가족들과 친구들의 걱정은 커졌다. 격려의 말에는

항상 염려하는 마음이 섞여 있었다. 그러나 그런 걱정에도 불구하고 내가 정치 참여를 결심한 이유는 김대중 대통령 때문이다.

김 대통령은 85세의 나이에 돌아가셨다. 그 나이면 하늘이 준 나이, 즉 천수(天壽)를 누렸다고 할 수 있을 것이다. 그러나 김 대통령의 서거는 가슴 아픈 일이고 한이 서려 있다. 특히 가까이서 보좌한 내 입장에서는 더욱 그렇다.

김 대통령은 평생 이 땅의 민주주의와 한반도의 평화와 통일을 위해 투쟁하며 살았다. 납치, 망명, 사형선고, 연금, 감옥생활 등 보통 사람으로서는 상상할 수 없는 고난과 시련을 이겨낸 분이다. 대통령, 노벨평화상 수상이라는 최고의 영광도 누렸지만 고통의 시간에 비하면 너무도 짧은 시간이었다.

그러나 이명박 정부 들어와 김 대통령이 평생 목숨을 걸고 이룩한 업적은 송두리째 부정당했다. 이명박 정권은 민주주의를 위기에 빠트렸다. 남북관계를 무력대결 일보 직전까지 내몰았다. 부자편향, 재벌편향의 정책은 서민들의 생활을 어렵게 하고 사회정의를 무너뜨렸다. 김 대통령은 인생 말년에 자신이 평생 싸워서 이룩한 민주주의가 무너지고 남북관계에서 공든 탑이 무너지는 것을 보고 크게 분노했다.

여기에 노무현 대통령의 서거는 더욱 분노를 크게 했다. 노무현 대통령의 죽음은 '이명박 정권에 의해 강요된 죽음'이라고 개탄했다. 김 대통령은 위기를 바로잡아야 한다고 생각했다. 그래서 전면에 나섰다. 김 대통령은 '나는 늙었지만 나라를 위해 한마디라도 할 수 있는 건강을 달라고 기도한다.'고까지 말했지만 결국 운명하시고 말았다. 나는 이러한 김 대통령의 모습을 하나도 놓치지 않고 지켜봤다. 그리고 하루하루 병실을 지키면서 대통령님의 숨소리 하나까지 꼼꼼하게 새기고 기록해 두었다.

김 대통령의 유지는 계승되어야 한다. 내가 정치에 참여하는 이유는 바로 여기에 있다. 이명박 정권이 가져다준 역사의 후퇴, 역주행을 바로잡아야 한다. 김 대통령이 마지막 순간까지 외치고 싸웠던 그 연장선상에서 나라를 바로잡고 정치를 바로잡는 일에 참여하기 위해 나는 정치에 참여하기로 결심했다.

"뒤로 물러나 매도당할 수 없다"

학생운동 시절 나는 민주주의, 노동자 농민의 생존권 보장, 통일을 위해 싸우다가 감옥을 두 차례나 갔다. 1987년 6·10항쟁으로 민주화 시대가 열리고, 1997년 최초의 정권교체, 그 뒤 10년간의 민주정부 동안 민주주의가 제도적으로 완성되고 시민사회도 성장하며 민주주의가 크게 성장했다. 나는 이러한 성과가 지난 70~80년대 고문과 투옥,

그리고 대학에서 제적당한 동료 선후배들의 투쟁과 희생의 결과라고 생각한다. 나는 내가 이 대열에 참여했다는 것을 자랑스럽게 생각한다. 특히 후세들에게 '너희들이 지금 누리는 자유와 민주주의는 아버지 세대들의 희생과 헌신이 있었기 때문에 가능했다.'고 자랑스럽게 말할 수 있다.

그러나 지금 상황은 달라졌다. 이른바 민주주의는 이명박 정권의 등장으로 유린당했다. 표현의 자유, 집회·시위의 자유 등 기본권이 제약당하고 있다. 민주정부 10년이 만들어낸 민주주의를 위한 각종 제도적 장치들도 유명무실하게 운영되고 있다. 김대중 대통령이 심혈을 기울여 만든 '국가인권위원회'는 보수진영의 놀이터가 된 지 오래다.

민주화운동의 역사는 역사책에서 지워질 운명에 처했다. 독재자 이승만, 박정희가 숭상 받는 처지가 됐고, 5·18광주민주화운동은 매도당하고 있다. 민주화운동 명예회복, 권위주의 정권 시절의 각종 의문사 규명 작업 등은 중단되었다. '운동권'은 매도당하고 있다. 역사가 왜곡되고 있다.

이것은 곧 민주화운동을 위해 두 차례, 모두 2년 4개월 동안 감옥 생활을 하고 대학에서 제적당한 나의 존재에 대한 부정이다. 나는 나의 자존심, 자부심을 회복하고 찾아야 한다. 이것이 내가 정치를 하려는 또 다른 이유다.

　김 대통령은 돌아가시기 직전까지 '행동하는 양심'을 호소했다. '행동하는 양심'은 참여와 실천이다. 나는 우리 역사의 비상한 시기 앞에서 머뭇거릴 수 없다. '그 정도 했으면 됐다. 나머지는 다음 세대들의 몫이다.'고 하는 말도 있지만, 나는 그렇게 살지 않았다. 뒤로 물러나 더 이상 나와 동료들이 매도당하는 것을 받아들일 수는 없다.

시대의 힘을 모으자

　정치란 상황을 분석하고 대응방향과 정책을 정하고 함께 행동을 조직해 나간다는 점에서 '운동'과 공통점이 있다. 그런 점에서 내가 몸담아온 민주화운동 15년과 국정에 참여한 후반 15년은 별 다른 차이가 없다. 나는 30여 년 동안 훈련받고 준비해왔다고 생각한다.

　특히 김대중 대통령으로부터 나랏일을 하는 자세와 정치를 배웠다. 나에게 이 경험은 아주 소중한 것이다. 김 대통령은 자신의 이익이 아닌 국민의 이익, 현재만이 아닌 역사와 미래를 항상 생각하며 길을 찾으라고 하셨고, 본인 또한 일관되게 실천해 오신 분이다. 역사를 바라보는 지사(志士)의 안목과 동시에 현실 문제를 해결하는 상인(商人)의 감각을 강조했다. 망원경과 현미경을 함께 가지고 있어야 한다고 했다.

　나는 운동권, 청와대, 김대중 대통령과의 생활에서 수많은 인사들과

교유하는 행운을 가졌다. 학자들, 종교인들, 정치인들, 재야와 시민단체 인사들, 언론인들, 이들과의 관계는 나에게는 큰 자산이다. 내가 쌓은 국정경험과 노하우, 김대중 대통령으로부터 배운 정치, 국정에 참여하면서 쌓아온 관계는 나의 자산이다. 이제 그것을 활용할 때가 된 것이다. 그동안 참모로, 비서로 일했지만 이제는 무대에 올라 내 목소리와 얼굴로 나서야 할 때가 됐다고 믿는다.

나는 대한민국의 미래를 꿈꾼다. 더 많은 민주주의가 이뤄져야 하고 정의가 실현되어야 한다. 내가 생각하는 미래 대한민국의 민주주의는 힘이 있건 없건, 나이가 많건 적건, 어느 지역에 살든, 능력의 차이를 떠나서 모든 국민들이 자신의 가치와 존재감을 인정받는 것이다. 동네 구멍가게든 중소기업이든 대기업이든 그 쓸모를 인정받는 것이야말로 민주주의다. 거리의 돌덩이, 풀 한 포기, 나무 한 그루도 소중하게 여기는 것이 민주주의다.

민주주의는 이제 정치적 차원을 넘어서 사회경제적, 생태적 영역으로 확장되어야 한다. 민주주의 이름으로 정의가 훼손되거나, 부정의가 방치되어서는 안 된다. 민주주의는 정의와 함께 이루어져야 한다. 지금 우리 시대의 정의는 모두가 골고루 함께 잘 사는 것이다. 다수의 궁핍, 좌절, 절망의 그늘을 방치한 채 소수만이 자유와 행복을 누리는 것은 부정의다.

독일 사민당의 지도자, 독일 통일의 기반을 닦은 빌리 브란트 수상
은 다음과 같이 말했다.

"그 무엇도 홀로 존재할 수 없습니다. 그 어느 것도 영구히 존속할
수 없습니다. 그러니 여러분들은 모든 일이 최선으로 이루어질 수 있
도록 여러분의 힘을 모으고 시대는 그 시대에 맞는 대답을 필요로 하
며 여러분들은 그 시대를 위한 최선의 답을 주도록 해야 한다는 점을
주지해야 할 것입니다."

그렇다. 우리 시대는 영구히 존재할 수 없지만, 우리 시대에 맞는 답
을 역사에 남길 수는 있다. 내가 생각하는 정치는 우리 시대에 맞는 답
을 주기 위해서 모든 일에 최선을 다하고 힘을 모으는 일이라고 생각
한다.

2011년 겨울
광주 운암동에서
최경환

차례

제1부

어린 시절

집 마당의 한 뿌리 두 그루인 감나무 정기를 받아 쌍둥이
로 태어나 5분차 형과 너무나 우의 좋게 자란 어린 시절.
아버지는 우리 7남매를 "일곱 마리 용"이라고 자랑했고,
어머니는 가족과 친척을 늘 자애롭게 챙겼다. 내 고등학
교 친구들은 예나 지금이나 진정한 마음의 친구들이다.

'쌍둥이'

나는 그 유명한 58년 개띠생이다. 1958년 7월28일(음력) 전남 장성군 서삼면 송현리 해평마을이라는 작은 시골 농촌에서 태어났다. 여느 마을이 그렇듯 마을 뒤로는 작은 산이 병풍처럼 마을을 감싸주고 있고 마을 앞으로는 논들이 부챗살처럼 퍼져 있는, 50호가 채 되지 않는 작은 마을.

그러나 들판 너머엔 어린 시절 놀이터이기도 했던 황룡강을 따라 호남선 열차가 오가는 소리를 들으며 자랐다. 그 시절 기차 소리는 마을 사람들에게 시간을 알려주는 괘종과도 같았다.

아버지(최백준 崔伯埈)께서는 농사를 지으셨지만 고향 마을에서는 지식 있는 분으로 대우를 받으셨다. 아버지는 해방 전 서울에서 상업학교를 다니셨다. 그래서 개인사는 물론 마을의 대소사를 상의하기 위해 아버지를 찾아오는 마을 사람들과 친인척들이 많았다. 면에서 서기

일을 하신 것도 아마 그 때문일 것이다. 가끔씩 젊고 수려한 얼굴의 양복을 입은 아버지가 마을 사람들 앞에서 무언가를 설명하고 가늠해주시던 모습이 떠오른다.

어머니(배양순 裵良順)는 이름 그대로 양순함과 자애가 넘치는 순종파 그대로라고 해야 하겠다. 지금은 광주광역시 광산구가 된 광산군 비아면 수문리에서 시집을 오셨기로 택호(宅戶)가 '수무니댁'이었다. 어렸을 적 외갓집을 자주 갔는데 그곳은 빨간 황토밭에 수박, 참외, 무, 배추, 고구마, 감자를 많이 심었다. 내 고향 장성은 주로 논농사를 위주로 했는데 외갓집은 밭농사도 함께 지었다. 외갓집은 참외와 수박을 맛있게 먹을 수 있는 곳이었다.

어머니는 아버지에게 시집오신 뒤 딸만 쪼르르 셋을 낳았다. 아들을 못 낳으면 죄인 취급을 받던 엄혹했던 시절, 그것도 장손 집안 며느리가 아들을 못 낳았으니, 마음고생이 말이 아니었음은 짐작하고도 남을 일이다. 하루는 어머니께서 아버지를 모셔 놓고 이렇게 말씀하셨단다.

"장손 집에 시집와서 대를 이을 아들을 못 낳으니, 다른 여자를 들여서라도 아들을 낳아야 하지 않겠느냐."

요즘 같으면 참으로 우스운 일이겠지만 그때 어머니들은 그렇게 하는 것이 도리라고 생각하셨던 것이다.

그러나 천우신조였을까, 놀랍게도 그 이듬해 경사가 났으니 바로 아들이 태어난 것이다. 그것도 하나가 아니라 쌍둥이가 태어났으니, 그 기쁨이야 오죽했겠는가. 그 쌍둥이 중 5분 먼저 태어난 아이가 형이고, 그리고 나다.

지금이야 초음파 검사로 아들인지 딸인지 쌍둥이인지 외둥인지 다 아는 세상이지만 당시에는 알 수 없는 시절이라, 먼저 나온 형을 수습하고 있는데 또 한 놈이 꿈틀거리며 나오더라는 어머니 말씀이 아직 귀에 생생하다.

아버지는 5분 늦게 나왔다고 하시고 어머니는 10분 늦게 나왔다고 서로 우김질을 하셨지만 무슨 대수겠는가. 그래서 나는 5분, 10분 빠른 형을 둔 차남이 된 것이다.

마을 사람들은 우리 집 마당에 있는 감나무 정기를 받아서 쌍둥이가 태어났다고 했는데, 그 감나무는 참 특이한 감나무였다. 집 마당 오른편에 우물이 있고 그 우물 위쪽에 아름드리 감나무가 두 그루 있었는데, 그 두 그루 감나무가 뿌리는 하나였다. 마치 우물을 지키듯이 넓은 어깻죽지를 드리우며 우물을 감싸고 있었다.

어렸을 적 나는 등을 한쪽 감나무에 대고 팔과 다리는 앞쪽 감나무를 지탱하면서 감나무를 오르내리며 놀곤 했다. 그런데 그 감나무의 정기가 무엇인지는 모르겠다.

아무튼 우리 집안은 우리 형제가 태어나면서 연일 잔치 분위기요, 웃음이 끊이지 않았다고 한다. 마을 사람들도 모두 좋아했다고 한다. 백일잔치 때에는 시루떡을 두 솥이나 했고, 온 마을 사람들을 다 대접할 만큼 고기를 삶아 냈다고 한다. 어머니는 비로소 아들을 위해 다른 여자를 들일 걱정을 하지 않아도 됐다. 그 후로도 어머니는 아들 하나와 딸 하나를 더 낳으셨다. 그래서 모두 3남 4녀, 7남매 중 내가 다섯째다. 당시에는 8남매, 9남매도 수두룩했다.

내가 태어난 해는 한국전쟁이 끝난 지 5년밖에 지나지 않은 때였다. 자라면서 부모님들로부터 한국전쟁 때의 이야기를 많이 듣고 자랐다. 산속으로 피난을 가던 일, 누구 아들이 군대 가서 죽은 일, 누구는 빽을 써서 군대에서 빠진 일 등의 이야기를 듣고 자랐다. 당시만 해도 한국전쟁의 상흔이 고스란히 남아 있었다.

아버지는 출생신고에도 지혜를 발휘했다. 또 전쟁이 날지도 모르니 군대를 같이 가면 안 된다는 생각에 형은 태어난 해인 1958년생으로 신고하고, 나는 한 해 늦은 1959년생으로 신고했다. 물론 생월 생일은 같다.

형과 나는 일란성 쌍둥이였다. 아기 때 사진을 보면 나도 내가 누군지 분간을 못하는 사진이 있다. 기저귀를 차고 우물가에서 찍은 가족

『김대중 리더십』 서울출판기념회에서 쌍둥이 형과 함께 인사를 했다.

사진이 있는데 아버지가 안고 있는 아이가 형이고, 어머니가 안고 있는 아이가 나일 것으로 추정한다. 어떤 사진은 앞가슴에 달고 있는 이름표를 보고 알아보는 경우도 있다. 고등학교를 지나 성인이 되면서 얼굴이 달라졌지만, 대부분의 친척들과 주위 사람들은 잘 분간하지 못했다. 그런데 어머니는 나오는 순간 확연히 구분되더란다.

아들 둘을 한꺼번에 낳아 좋기는 한데 쌍둥이에게 먹일 젖이 부족했다. 그래서 장손인 형에게는 어머니 젖을 먹이고, 나는 분유를 물에 타 숯불에 데워 먹였다고 한다. 시골 마을에서 분유를 먹이는 일은 돈도 들고 매우 번거로운 일이었다. 형은 입맛이 까탈스러워 분유를 먹지 못하고 엄마 젖만 먹었단다. 나는 분유도 잘 먹고 젖도 잘 먹었다고 한다. 그리고 외갓집에서 나이 많은 누님이 와서 개구쟁이 쌍둥이를 키우는 것을 도왔다. 위로 딸 셋에다 남자 쌍둥이 아이를 기르는 것이 엄마 혼자 힘으로 벅찼기 때문이다.

나를 업어 키워주신 외사촌 누님은 어느덧 할머니가 되었지만 지금도 그때 쌍둥이를 업어 키우던 일을 회상하시면 얼굴이 환해지신다. 위기의 순간도 있으셨단다. 나를 업고 우물에서 물을 긷는데, 자기도 모르게 허리를 굽히자 포대기 속의 내가 우물에 그대로 빠져버린 것이다. '다행히 허리를 구부리면 물을 길을 수 있는 우물이어서 재빨리 건져낼 수 있었지, 만약 조금만 깊었어도 큰일 날 뻔했다'고, '물에 빠졌는데 둥둥 떠 있더라'고, '아이고, 천년 감수 했다'고 손뼉을 치시며 웃곤 하신다. 만약 깊은 우물이었다면 정말 큰일 날 뻔했겠다.

쌍둥이로 자라면서 지금까지도 재미있는 일이 많다. 어른이 될수록 얼굴은 달라지는데 가까운 친척들도, 친구들도 구별하지 못하는 경우가 자주 있다. 어머니는 쌍둥이 형제에게 항상 똑같은 옷을 입혔다. 쌍둥이로 살면서 겪은 에피소드를 말하자면 한이 없다. 쌍둥이 형 아이들이 내가 아빠인줄 알고 무릎 위에 앉아 있다가 진짜 아빠가 나타나자 왕 하고 울던 일, 장모님이 사위를 혼동하던 일, 내가 알지 못하는 형의 상사들이 나를 본 후 인사성이 없다고 형을 나무란 일, 열차 안에서 만난 형 친구를 내 동창인 줄 알고 밤새워 이야기하던 일 등등…….

나와 형은 쌍둥이지만 인생행로는 달랐다. 중학교만 다르고 초등학교, 고등학교는 같은 곳을 졸업했다. 그러나 형은 고등학교 졸업 후 은행에 취업을 하고, 나는 대학에 진학했다. 나는 사주팔자를 믿지 않는다. 5분 차이 쌍둥이면 사주가 같으니 팔자가 같아야 하는데, 인생행로가 전혀 다르다. 나는 두 차례나 감옥에도 갔다 오고 삶에 굴곡이 많았다. 형은 은행원을 거쳐 금융감독기관에서 일했다.

차남인 나와 달리 장남인 형은 집안의 대소사를 맡아 했다. 제사, 집안 어른들과의 관계, 가족들을 챙기는 일 등을 모두 떠맡아 했다. 형은 나에게도 마찬가지였다. 내가 운동권 생활을 할 때 용돈을 챙겨주는 등 나를 늘 도왔다. 인생행로는 달랐지만 나를 이해해주고 내가 하는 일을 격려해주었다. 형은 생각이 깊다. 가정의 화목을 위해 노력한다. 자신을 이해해주는 형제나 친구가 있는 것은 행복한 일이다. 나에게 형은 그런 존재다. 나는 5분차 형을 존경하며 자랑스럽게 생각한다.

시골 마을

　　나는 열 살까지 그 마을에서 자랐다. 십리 길 가까운 학교는 강을 따라 이어진 마을을 3개 정도 지나서야 나왔다. 면 소재지에 있는 '서삼국민학교'라는 곳이었다. 학교에서는 공부 말고도 여러 가지를 했다. 초봄에는 보리밭 밟기를 했다. 보리가 웃자라 얼어 죽는 것을 막기 위해서였다. 그 무렵 하늘을 까맣게 덮는 까마귀 떼는 정말 장관이었다. 지금은 그런 광경을 보기 힘들다. 가을에는 이삭줍기 등으로 수업을 대신하기도 했다. 학교에서 나눠주는 옥수수빵은 진짜 별미였다. 미국에서 원조한 잉여농산물로 만든 빵이었다. 겨울에는 학교 난로에 넣을 나무를 하나씩 가지고 가야 하는데 깜빡 잊었을 때는 학교 가는 길에 용감한 둘째 누나가 추운 강물에 들어가 말뚝을 뽑아주기도 했다.

　　동네 아이들은 시주를 위해 마을에 들어오는 스님들을 엄청 놀려댔다. 마을 어귀서부터 "중중 때깔중" 하면서 노래를 부르며 뒤를 따랐다. 어머니들은 대부분 절을 다니고 보리나 먹을 것을 시주하기를 서슴지 않았는데 아이들은 왜 그렇게 중을 싫어하고 놀려주기를 좋아했는지 모르겠다.

가을에는 벼를 베고 탈곡한 후 낱알이 아직도 붙어 있는 볏짚으로 낟가리를 쌓았다. 그리고 마을 아저씨들이 땔나무를 집 부엌과 광으로 실어 날랐다. 추수가 끝난 가을에 저수지 물 빼는 날은 마을 잔칫날이었다. 모두가 양동이와 바가지를 들고 나와 저수지 바닥에서 장어, 잉어, 붕어, 미꾸라지 등을 잡았다. 마을 사람 모두가 포식을 했다. 가을은 풍성했다. 꼬막이 마당에 가마니 채로 있었다. 김장을 얼마나 많이 했던지 절인 배추가 내 키보다 두 배는 더 높게 쌓였다.

아버지는 천렵을 좋아하셨다. 투망을 잘 던지는 분으로 마을에서도 알아줬다. 아버지가 투망을 하러 가시는 날이면 우리 남자 형제들은 양동이를 들고 앞다퉈 아버지 뒤를 따랐다. 투망 속에는 하얗고 까만 크고 작은 물고기들이 번쩍거렸다. 우리는 열심히 물고기를 양동이로 옮겼다.

아버지는 우리 형제들에게 강은 물론 웅덩이 곁에도 가지 못하게 했다. 마을 앞에는 작고 아름다운 강이 흘렀지만 어른들과 함께 가지 않으면 한여름에도 갈 수 없었다. 여름마다 아랫마을, 윗마을 아이들이 물에 빠져 죽는 사고가 났기 때문이었다. 나는 내 또래 아이들이 푸르죽죽하게 몸이 부풀어 죽은 시체를 몇 차례 봤다. 그래서 시골 강변 출신이면서도 수영을 하지 못한다.

겨울에는 제법 먼 산속으로 눈길을 헤치며 들어가 산에 있는 포수

아버지와 어머니

네 집에서 꿩이나 토끼를 사가지고 와서 먹기도 했다. 꿩은 떡국에 넣어 먹고, 토끼는 탕을 해서 먹었다.

그 당시 우리 마을에는 전기가 들어오지 않았다. 호롱불을 켜고 밤을 지냈다. 하루는 아버지와 어머니가 위의 누나들을 모두 데리고 읍내에 가시면서 아버지가 나에게 말했다.

"경환아, 너만 믿는다. 집 잘 지키고 있어라."

나는 아버지의 이 말이 왠지 무거운 책임감으로 느껴졌다. 캄캄한 밤중에 아이들 넷만 있는 집은 너무 컸다. 넓은 마당, 저 멀리 헛간과 측간(화장실)에서는 금방 뭔가가 튀어나올 것 같았다. 제일 무서운 것은 집 뒤에 있는 대나무 밭이었다. 바람에 대나무 흔들리는 소리는 마치 귀신들이 우리 네 아이를 어떻게 놀려줄까 궁리하는 소리 같았다. 무서웠다. 밤이 되자 누군가 울음을 터뜨렸다. 그러자 형을 포함해 동생 둘이 모두 울었다. 나도 무서웠다. 그런데 아버지 말이 생각났다.

'경환아, 너만 믿는다.'

나는 나오는 울음을 꾹 참고 마루 한가운데 가부좌를 틀고 앉아 아버지가 올 때까지 기다렸다. 돌아온 아버지는 그런 나를 보고 칭찬해주셨다. 지금도 어릴 적 아버지의 그 한마디가 머리에서 떠나지 않는다. 아버지에게서 칭찬을 받고 '믿는다'는 말을 듣는 것은 아이들에게 용기를 주고 자부심을 준다.

1968년으로 기억된다. 초등학교 3학년, 열한 살 때의 일이다. 그해 여름, 마을에 큰 물난리가 났다. 비가 넘쳐 앞 강물이 둑을 넘어와 벼가 심어진 우리 논까지 들어왔다. 물이 빠지자, 심어논 벼들은 온데간데없고 논은 모래밭이 되었다. 논 한가운데에 큰 웅덩이가 생겼다. 아버지는 하릴없이 논 웅덩이에 투망을 던져 고기를 잡았다.

그해 홍수는 우리 집안에 큰 충격을 주었다. 수해를 입고 아버지는 도시로 나갈 결심을 굳혔다. 아버지는 광주에 방 2칸을 얻었다. 고향 마을 전답을 모두 처분하셨다. 소가 끄는 달구지에 이불과 옷가지, 쌀 가마, 솥과 냄비 등을 싣고 광주로 이사를 갔다. 도시로 이사를 가는데도 땔나무를 싣고 갔다.

광주로 이사한 중요한 이유는 또 있었다. 아버지는 교육열이 남다른 분이셨다. 아버지는 항상 우리 7남매를 가리켜 "우리 집에는 일곱 마리 용이 있다."며 자식 자랑을 했다. 광주로 나간 이유는 어떻게 해서든지 자식들을 도회지 광주에서 가르치기 위해서였다. 아버지의 이런 결정은 훗날 가족들이나 마을 사람들에게 참 잘한 결정이었다는 말을 들었다.

시골쥐

광주는 시골 마을과 달랐다. 집들도 많고 사람도 많았다. 이사 온 곳은 수원지가 있는 낮은 산 언덕배기에 있는 전세방이었다. 부엌 하나에 방 2개가 미닫이문으로 붙어 있었다. 그것을 '상하방'이라고 불렀다. 거기에서 아홉 식구가 함께 잤다. 전학 수속이 늦어져서인지 다른 사연이 있어서인지 다음해 봄에 초등학교 3학년으로 전학해 학교를 다녔다. 한 학년을 낮추어 간 꼴이 됐다. 나는 세련된 도시 아이들 사이에 새까만 시골쥐였다. 게다가 도시 아이들에게 쌍둥이 시골쥐가 얼마나 재미있어 보였겠는가?

아버지는 도시에서 7남매를 기르고 학교에 보내느라 동분서주했다. 어머니는 그 많은 식구의 밥과 빨래를 해대느라 눈코 뜰 새가 없었다. 고향 마을에 살 때는 아버지 모습은 항상 여유가 있었다. 시골 사람들은 아버지를 존경했고 따랐다. 그러나 도시로 나와 일곱 남매를 기르는 아버지의 모습은 전사(戰士)처럼 느껴졌다. 식구들을 먹여 살리고 자식들을 가르치기 위해서는 물불을 가리지 않겠다는 투지로 가득 차 있었다.

나와 쌍둥이 형은 그런대로 공부를 잘하는 편이었다. 한두 해가 지나자 도시 생활도 적응되고, 친구도 생겼다. 점점 시골쥐 모습을 벗고 있었다. 광주에 올 때는 광주 시내 한가운데 있는 '중앙국민학교'로 전학했는데 집을 이사하면서 변두리에 있는 '동산국민학교'라는 곳으로 다시 전학했다.

초등학교 5학년 때 일이다. 그때는 유난히 체육 특기를 강조하던 때였다. 그래서 학급 편성도 육상반, 축구반, 야구반, 탁구반 등으로 했다. 각 반에는 운동선수들로 구성된 운동부가 속해 있었다. 우리 반은 야구부가 있는 야구반이었고 내가 반장이었다. 담임선생님은 야구 코치이자 감독이었다.

우리 반의 야구부 선수들은 야구 정원대로 딱 9명이었다. 후보 선수 하나 없었다. 다 헐은 9벌의 야구복과 9개의 너덜너덜한 글러브, 그리고 몇 개의 배트와 공이 전부인 아주 초라한 운동부였다. 그런데 좌익수를 보던 한 친구가 다른 학교로 전학 가는 일이 생겼다. 그러자 야구부 아이들이 작당을 해 나를 부추겼다.

"우리 반이 야구반이고 네가 반장인데, 반장이 야구부에 들어오지 않으면 말이 되냐?"

이렇게 나를 야구부에 들어오라고 꼬드겼다. 선생님은 이것을 알고 "경환이는 공부나 하지……." 하며 내가 야구부에 들어오는 것을 크게 환영하는 분위기가 아니었다. 그런데 나는 야구가 하고 싶었다. 그때

광주 동산초등학교 야구부 시절. 앞줄 맨오른쪽이 나.

같은 동네에 광주에서 유명한 고등학교 야구부에 들어가려고 준비하고 있는 야구선수 형과 가까이 지냈는데 그 형도 나에게 한번 해보라고 권했다. 당시는 고교야구의 전성시대였다.

나는 야구부에 들어갔다. 그러나 완전 초보였다. 글러브도 처음 끼어보고, 배트도 처음 잡아봤다. 나는 수업이 끝나고 운동장에서 땀 흘리며 뛰고 훈련하는 것이 너무 좋았다. 다 헐어 기운 자국이 여러 곳 있었지만 유니폼도 아주 멋있어 보였다. 집에 와서는 동네 야구선수 형에게 특별훈련을 받았다. 나는 전학 간 친구의 포지션인 좌익수이자 7번 타자를 맡았다.

그때 전라남도 체전으로 기억되는 큰 체육행사가 있었는데, 모든 참가선수들이 광주 도청 앞에서 공설운동장까지 금남로 대로를 행진했다. 그때 나도 야구 유니폼을 입고 행진 대열에 참여했다. 그 대회에서 처음으로 공식 야구 경기장에서 가족들의 응원을 받으며 경기를 했다. 그러나 나는 에러를 해 점수를 잃었고 공격에서도 별로 포인트를 올리지 못했다.

나는 그 뒤로 중학교, 고등학교, 대학교에서도 동네 야구시합이나 학교 친선 야구경기가 있으면 항상 포수를 맡았다. 포수는 공을 두려워하지 않아야 했다. 바로 앞에서 타자가 배트를 휘둘러대도 무서워하지 않아야 했다. 포수는 항상 9명의 야구선수 중 가장 혹독한 훈련을 받았다. 초등학교 때 얼마간 훈련받은 나는 모든 동네야구에서 포수를 맡았다. 포수 마스크도 없이 하는 동네야구에서 나는 안경을 낀 채 포수를 하다가 파울팁 공에 맞아 안경을 깨뜨리고 눈을 다치는 일이 자주 있었다.

'장원'

    나와 쌍둥이 형은 중학교는 다른 곳으로 배정받았다. 당시는 은행알을 굴려 학교를 배정했다. '숭의중학교'라는 미션스쿨이었다. 신구약 성경을 공부하고 예배를 보았다. 초등학교 때 동네 개척교회를 다닌 적이 있어서 나에겐 아주 자연스러웠다. 나는 중학교 때도 그런대로 공부를 잘하는 편에 속했다.

    중학교 2학년 때 당시 광주 MBC 방송국에서 진행하는 중학생 퀴즈 프로그램에 출연할 기회를 잡았다. 그 프로그램은 중학생들에게 아주 인기가 많은 지역 방송 프로그램이었다. 나도 가끔 방청을 하곤 했다. 어느 날 출연한 학생들이 맞추지 못한 문제가 있어 방청객에게 기회를 주었다. 아무도 손을 드는 사람이 없었다.

    그해가 '갑인년'인데 다음해는 무슨 해인가 하는 문제였다. 나는 얼른 손을 짚어보며 따져보았다. 나는 언젠가 10간과 12지, 60갑자

중학교 시절 쌍둥이

에 대해 배운 적이 있었다. '갑을병정무기경신……' '자축인묘진사오미……' 그러자 답이 나왔다, '갑인년' 다음은 '을묘년'이었다. 손을 들자 사회자가 나를 지명하고 카메라가 나를 비췄다. 정답이라는 사회자의 말에 박수가 터져 나왔다.

나는 이것을 계기로 그 프로그램에 3차례나 출연했다. 그래서 주말장원, 월말장원, 기말장원까지 했다. 나는 학교에서, 그리고 집안에서 퀴즈스타가 됐다. '기말장원' 때는 어머니까지 TV에 출연하여 '이렇게 똑똑한 자식을 두어 기쁘지 않느냐'는 질문을 받기도 했다. 방송국으로부터 얼마간 장학금을 받았는데 아들이 연거푸 TV에 출연하고 '장원'을 하자, 기분이 좋아진 아버지는 받은 장학금보다 더 많은 돈을 학교 선생님들과 친지들을 위해 써야 했다. 지금도 옛 친구들은 나를 보면 성인 퀴즈게임에 나가보라고 권한다.

나는 퀴즈게임에 출연하기 위해 고등학생들의 입시 수험서인 일반 상식 책 여러 권을 샅샅이 읽었다. 그리고 시중에 나와 있는 '기출문제', 즉 각 방송국에서 이미 출제된 퀴즈 책은 모두 읽었다. 초등학교 때 나에게 야구를 권한 동네 형의 누나가 도서관 사서로 일했는데 퀴즈 책을 나에게 빌려다 주었다.

퀴즈게임에서 중요한 것은 무엇보다 '버튼을 먼저 누르는 것'이다. 머릿속에 생각이 가물가물하더라도 먼저 누르고 생각하는 것도 방법이다. 모든 것을 손에 쥐고 나서 버튼을 누르는 것은 누구나 할 수 있으니까.

아버지는 고향의 전답을 정리하고 광주로 이사하면서 생업에 대한 계획을 뚜렷이 정하지는 않으셨던 것 같다. 처음에는 조그만 가게를 얻어 만화가게를 하기도 했다. 그러다가 땅과 집을 사고파는 일을 중개하거나 한옥집을 지어 파는 일을 하셨다. 어머니는 대학생이나 직장인들을 상대로 하숙을 해서 가계를 도왔다. 우리 집은 힘들지만 차츰 도시 생활에 정착하는 것처럼 보였다. 집도 더 넓은 곳으로 이사를 했다. 누나들도 고등학교를 졸업해 직장을 얻어 가계를 도왔다.

나는 중학교 때 당시 광주의 명문학교에 갈 생각을 하고 그 학교 교모를 쓴 고등학생 형들이 지나가면 유심히 쳐다보며 '나도 저 학교에 가겠다'고 다짐했다. 그런데 내가 고등학교에 들어가는 시기인 1975년에 광주 지역의 고교평준화가 시행됐다. 몇몇 친구들과 함께 평준화가 이루어지지 않은 전라북도의 다른 학교로 가겠다고 공부를 하기도

했다.

고등학교 진학은 내 뜻대로 되지 않았다. 우리 집은 자식들을 대학에 보낼 만한 형편이 아니었다. 일찍이 상업학교를 나와 은행원이 돼있는 외사촌 형제들이 많았다. 아버지와 어머니는 나와 쌍둥이 형이 외갓집 형들처럼 돼주기를 바랐다. 고교평준화가 되면서 공고, 상고 등 실업계 학교는 시험을 먼저 치렀다. 나와 쌍둥이 형은 부모님의 뜻대로 광주상업고등학교를 지망해 입학했다.

광주상고 시절

고등학교는 중학교와 달랐다. 친구들도 다들 어른이었다. 광주와 전남 일대에서 대부분 나와 같은 이유로, 즉 집안 형편이 어려워 상고로 진학해온 경우가 많았다. 그러나 모두가 공부를 잘하고 생각이 깊은 친구들이었다. 내가 입학하기 전까지는 상고는 인문계 시험을 치른 후 입학하는 후기였지만, 나 때부터는 전기로 바뀌었다. 즉, 이전에는 전기에 떨어지고 오는 학생들이었다면, 내가 입학한 해부터는 자원해서 온 학생들이었다. 그래서 전에는 있었던 대학 진학을 위한 진학반 편성도 없었다. 모든 교과과정은 은행과 기업 취업을 위해 필요한 커리큘럼으로 짜여 있었다.

나는 상업학교 교과과정에 잘 적응하지 못했다. 특히 부기나 주산 등이 싫었다. 사춘기의 영향도 있었을 것이다. 학기마다 정해진 급수를 따야 졸업도 할 수 있었지만 그런 게 싫었다. 집안 형편 때문에 상고로 진학을 했지만 자신의 미래를 다양하게 모색하는 시기에 한 틀에 묶어놓고 공부를 하게 하는 것이 과연 올바른 것인가 하는 생각이 들었다. 나와 같이 적응을 하지 못하는 친구들이 여럿 있었다. 대신 나는 돌파구를 찾았다.

그때 광주 지역에 흥사단 아카데미라는 학생단체가 있었다. 나는 광주상고 아카데미에 가입했다. 학교 근방에 사무실('단소'라고 불렀다)이 있었다. 수업이 끝나면 '단소'에 모여 도산 안창호 선생의 생애와 사상을 공부하는 등의 활동을 했다. 남녀 고등학생들과 토론도 하고 물과 산을 찾아 수련회 활동도 했다. 나는 취업을 위해 주산이나 부기를 강조하는 학교생활보다 흥사단 아카데미 활동이 더 좋았다. 그곳에는 인문계 남녀 고등학생들이 많이 있었다.

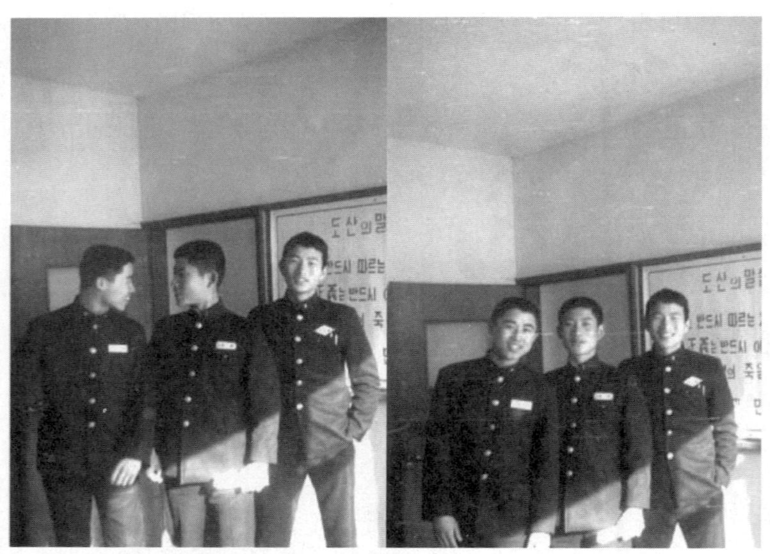

고등학교 시절 흥사단 아카데미 회원들과 함께. 맨 왼쪽이 나.

나는 이때 자연스럽게 정치의식, 사회의식, 민족의식에 눈을 떴다. 도산 안창호 선생의 흥사단 조직은 일제하의 독립운동 조직이었다. 나는 자연히 민족, 분단, 통일, 민주주의 등에 대해 많은 말을 듣게 됐다. 도산 안창호와 흥사단은 민족을 위해, 나라를 위해 준비하고 수련하는 참된 정직한 사람이 되어야 한다고 가르쳤다.

"진리는 반드시 따르는 자가 있고, 정의는 반드시 이루는 날이 있다."

"낙망은 청년의 죽음이요, 청년이 죽으면 민족이 죽는다."

우리는 '도산의 말씀'을 공부하며 토론했다. 그리고 "무실역행(務實力行)으로 생명을 삼는 충의남녀(忠義男女)를 단합하여 정의(情誼)를 돈수(敦修)하며 덕·체·지 삼육을 동맹수련하여 건전한 인격을 지으며 신성한 단체를 이루어 우리 민족의 전도대업(前途大業)의 기초를 준비하자"는 규약을 외웠다. 그리고 나는 고등학교 1학년 말 때 문답과 심사 등 여러 과정을 거쳐 흥사단 '일반단우'로 가입했다.

'단소'에는 서울과 광주에서 대학을 다니는 대학생 회원들이 많이 드나들곤 했다. 대학생 회원들은 당시 박정희 유신정권 시절의 시국과 정세에 대한 이야기를 했다. 나는 '어느 대학에서 데모가 있었다. 박정희 유신정권은 곧 망한다.'는 등의 이야기를 들었다. 그리고 대학생 형들이 몰래 본다는 책도 함께 봤다. 〈사상계〉와 〈창작과 비평〉을 돌려 보고, 시인 김지하의 『오적』, 전남고 교사로 있다 해직당한 문병란 선생의 시집 『죽순 밭에서』 등을 돌려봤다. 서울대 한완상 교수의 『민중과 지식인』이라는 책을 탐독하기도 했다. 매년 4·19 때는 광주공원에 있는 4·19 학생의거 학생탑을 참배했다.

흥사단 활동은 재미있었지만, 학교생활은 잘 적응하지 못했다. 급기야 2학년부터는 선생님들과 충돌하는 사태까지 빚어졌다. 주산을 가르치는 선생님이 정해진 급수를 따지 못한 나를 포함한 학생들을 체벌했다. 손바닥을 때리고 엉덩이를 때렸다. 화가 났다. 부기 선생님은 문제를 풀지 못하는 나를 학생들 앞에서 때렸다. 나는 분을 못 이겨 칠판을 주먹으로 쳤다. 당황한 선생님은 급우들 앞에서 벌을 세웠다. 나는 화가 났고 치욕을 느꼈다. 순간 몸이 경직되고 쓰러졌다. 양호실에 업혀가 안정을 취하고서야 몸이 바로 돌아왔다. 나 말고도 상업학교 커리큘럼에 적응하지 못해 수업에 충실할 것을 강요하는 선생님들과 충돌을 빚는 몇몇 친구들이 있었다.

그 일이 있은 후 나는 학교를 그만두거나 아니면 운동을 하겠다는 생각을 했다. 나는 초등학교 시절 야구부에서 야구를 한 적이 있었다. 광주상고 야구부는 전국적으로 유명했다. 나는 담임선생님과 내 상황을 걱정해 지명된 지도 선생님에게 1학년으로 내려가 야구를 하겠다고 말했다. 집에도 이야기를 했다.

학교에서도, 집에서도 나를 두고 근심이 커졌다. 학교는 나를 설득할 꾀를 냈다. 하루는 흥사단 아카데미를 지도하는 선생님이 나를 불렀다. 가보니 야구 감독도 와 있었다. 지도 선생님이 말했다.

"야구를 하고 싶다니 네가 야구할 수 있는 몸이 되는지 한번 보자. 웃통을 벗어봐라."

나는 옷을 벗고 심사를 받았다. 내 몸을 이리저리 살펴본 뒤 감독이 말했다.

"너는 야구할 몸이 아니다. 그만 포기하고 공부나 해라."

광주상업고등학교 졸업앨범에서(1978년)

　　당초 야구를 하겠다는 내 생각은 엉뚱했다. 어렸을 적부터 야구를 해도 적응하지 못하는 선수가 한둘이 아닌데 고등학교에 와서 야구를 시작한다는 건 말이 안 되는 이야기였다. 그러나 내 고집을 꺾기 위해 야구 감독 앞에서 옷을 벗고 몸을 심사하는 시늉을 하게 한 것이다.

　　나는 실망했다. 이틀 정도 학교를 가지 않았다. 아버지는 밥맛을 잃었고, 어머니는 어찌할 바를 몰랐다. 누나들은 나를 붙들고 설득했다. 나는 내 방 책상에 앉아 문을 걸어 잠그고 생각을 거듭했다. 순간 내가 무슨 일을 하고 있는가, 아버지, 어머니, 그리고 누나들에게 내가 무슨 짓을 하고 있는가 하는 생각이 불현듯 들며 가슴속에서 뜨거운 것이 올라왔다. 나는 방문을 열고 아버지 앞에 무릎을 꿇고 펑펑 울며 용서를 빌었다.

　　그 일이 있은 후 내 진로는 결정됐다. 부모님께도 대학 진학 공부를

광주상고 친구들과 함께. 사회 여러 분야에서 중추적인 역할을 하고 있는 친구들은 나의 든든한 후원자
들이다.

하는 것을 허락받았다. 학교에서도 뒷자리에서나마 주산이나 부기 등 공식 커리큘럼 수업과 관계없이 대학 진학에 필요한 공부를 하는 것을 허락받았다. 학교에서는 더 이상 주산이나 부기 공부를 하지 않는다고 나를 책망하지 않았다. 나는 대학 진학에 필요한 공부를 시작했다. 필요한 과목은 학원을 다니며 보충하기도 했다. 어떤 시험 과목은 상고 커리큘럼에는 없거나 일부만 배우고 취업 공부를 했기 때문이었다.

시간이 지난 후 다양한 친구들과 사춘기를 얘기하면서 대부분의 또래 아이들이 하나같이 아픈 시기를 보냈다는 것을 알았다. 당연히 겪어야 하는 사춘기의 아픔을 고등학교 선택이 잘못된 데서 오는 아픔으로 규정하는 오류를 범했다는 것을 깨달았을 때는 이미 성인이 되어 있었다. 그래서 청소년기를 '질풍노도의 시기'라고 하지 않는가. 나는 두 아이를 키우면서 그들의 사춘기의 아픔을 또다시 같이해야 했고, 내 청소년 시절이 왜 그리도 처절하고 치열해야 했을까 하는 아쉬움에 알 수 없는 미소로 대신하곤 했다. 여기서 나의 고등학교 동창들의 뒷얘기를 더 하고자 한다.

광주상업고등학교는 당시 전국에서 제일의 명문 상업학교였다. 대부분의 학생들이 은행에 취업했다. 오히려 공부를 못하는 학생들은 대학에 진학하는, 지금의 상황으로는 이해하기 어려운 일이 그 시절의 현실이었다. 사회의 중견으로 당당히 살아가는 친구들을 보면서 광주상업고등학교를 졸업했다는 것이 얼마나 가슴 뿌듯한 일인지 새삼 느끼게 되고, 그때 청춘을 환호하며 울고 웃기를 함께한 친구들이 자랑스럽기만 하다.

내가 대학을 진학하고 이른바 '운동권' '데모꾼'이 되었을 때 나를 격려해주고 도와준 친구들 역시 고등학교 친구들이었다. 금융권을 비롯해 회계사, 세무사, 대학교수, 교사, 사업가 등 진출한 분야도 다양했다. 친구들은 은행원, 화이트칼라로 내 삶과는 달랐지만 시대의 아픔을 같이했고, 나를 이해해주었다. 어떤 친구는 운동권 시절 도피 생활을 할 때에는 잠자리를 마련해주기도 하고, 밥과 술을 사주는 친구도 있었다. 용돈을 마련해주는 친구도 있었다. 평생 잊지 못할 마음의 친구들이다.

제2부

시대의 아픔을 안고

고향 광주에서 일어난 일을 보고 나는 분노했다. 전두환 독재정권의 폭압을 이겨내기 위해 강력하고 선도적인 투쟁이 필요했다. 80년대의 두 차례 감옥 생활, 이것이 인연이 되어 아내를 만났다. 지역 민주화운동, 재야운동을 거쳐 정치권에 들어가 정권교체를 위해 열심히 뛰었다.

대학 진학

    나는 고등학교 졸업 후 서울에 있는 대학에 응시했으나 떨어졌다. 재수를 하기 위해 서울로 올라와 하숙방을 정하고 광화문 근처의 종합학원에 등록했다. 한 달이 채 가기도 전에 고향에서 비보가 날아왔다. 첫째 누나가 교통사고로 돌아가신 것이다. 첫째 누나는 총명하고 예뻤다. 큰딸로 아버지, 어머니의 사랑을 독차지했다. 광주의 명문 여자고등학교를 졸업하고 공무원 시험에 합격해 농촌진흥청에 근무하다가 결혼한 지 얼마 안 된 때였다. 친정인 우리 집으로 쉬러 오다가 버스에서 내리는데 코트 자락이 버스 문에 걸렸다. 버스가 누나를 얼마간 끌고 갔다. 뒷바퀴에 누나는 깔렸다. 운전수는 버스문에 걸려 끌려오는 누나를 보지 못했다. 누나는 그 자리에서 돌아가셨다. 누나의 뱃속에 3개월 된 아이가 자라고 있었다. 누나와 조카를 한꺼번에

잃어버린 것이다.

　큰딸을 잃은 아버지, 어머니는 식음을 전폐했다. 나 역시 큰 충격을 받았다. 세상이 원망스러웠다. 장례를 치르고 다시 서울로 올라왔으나 책이 손에 잡히지 않았다. 나는 서울과 광주를 오가며 그해 봄과 여름을 보냈다. 누나는 광주 양산동에 있는 천주교 묘지에 묻혀 있다. 나는 지금도 버스에서 몸이 부자연스러운 아주머니들이 버스를 내리는 것을 보면 누나의 사고 장면이 생각나 조마조마하게 쳐다본다.

　나는 1979년 성균관대학교 인문대학 사학과에 입학했다. 부모님들은 영문과로 진학하는 것이 전망이 있지 않느냐는 의견이 있었지만 나는 사학과를 지망했다.

광주 흥사단 아카데미 회원들과 장흥 수문포에서 여름 수련회(1979년)

성균관대에도 '무실학생회'라는 흥사단 아카데미 조직이 있었다. 나는 자연스럽게 그 서클에 가입했다. 무실학생회는 성균관대에 몇 개 안 되는 이른바 '운동권 서클'로 성대 학생운동의 중요한 조직이었다. 그리고 사학과 자체가 성균관대의 학생운동 본산이었다. 내가 대학에 입학한 1979년은 박정희 유신정권이 마지막을 향해 가고 있을 때였다.

나는 대학을 졸업하면 기자가 되고 싶었다. 그래서 대학신문사인 성대학보사에 들어가기 위해 신입생을 대상으로 하는 신입기자 모집에 응했다. 그러나 들려오는 말이 사학과 학생은 말썽을 피워 기자로 받아들이지 않을 것이라고 했다. 사학과 출신들은 반정부적인 태도로 신문사에서 말썽을 피운다는 것이었다. 실력이 부족했던 탓인지는 모르겠지만 예상했던 대로 내 이름은 합격자 명단에 없었다.

나는 대학 1학년 시절을 학교 수업과 서클 활동으로 열심히 보냈다. 그런데 2학기부터는 뒤숭숭했다. 사학과 선배들이 남민전(남조선민족해방전선) 사건에 연루되어 어느 날 갑자기 캠퍼스에서 보이지 않았다. 그리고 10월에는 부산과 마산에서 큰 시위가 일어났다는 소문이 들렸다. 그리고 마침내 10·26 사건이 터졌다.

나는 마포구 합정동에 사는 누나 집에서 기숙하며 학교를 다니고 있었는데, 10월 27일 아침 '유고'(有故)라는 큰 글씨의 신문을 받아보았다. 박정희 대통령이 죽었다는 것이다. 나는 그 신문을 들고 같은 동네에 사는 학교 선배 집으로 가서 어떻게 된 거냐고 물었다. 나는 시국이 심상치 않다는 선배 말을 듣고 앞으로의 일이 걱정됐다.

1980년 서울의 봄

1980년 '서울의 봄'. 나는 2학년이 돼 있었다. 한편으로는 서클과 학과에 신입생을 받아들이고, 다른 한편에서는 박정희 사망 이후 민주 회복의 기회를 살려내기 위해 선배들을 도와 학내 민주화 운동에 참여했다. 학내 운동권 진영은 학생회를 구성하기 위해 노력했다. 이제까지는 학교 당국이 임명하는 '학도호국단'이 있었는데, 이제는 학생들 스스로 뽑는 말 그대로 학생회를 만드는 것이었다. 모든 집회와 시위가 금지된 계엄령 하였지만 학내에서는 집회와 시위가 계속됐다. '서울의 봄'을 맞아 내가 다니던 서클 이름도 되찾았다. '무실학생회'를 '도산연구회'로 고쳤다.

나는 다시 성대학보사에 들어오라는 선배의 권유로 2학년이지만 특별히 시험을 보았다. 1학년 때는 사학과 학생은 문제를 일으킨다는 미심쩍은 이유로 합격을 하지 못한 바 있었다. 그러나 이번에는 합격

1980년도 대학시절, 가수 심수봉의 노래 「그때 그 사람」을 부르며 독재자 박정희의 죽음을 조롱했다.

했다. '서울의 봄' 효과였다. 더 이상 학교 당국이 학보사 일에 개입하는 일은 한계가 있었다. 신문 합격자 발표란에 내 이름이 올랐다.

그런데 고민이 생겼다. 한편으로는 학보사에 들어가 기자 수업을 받고 학교를 마치면 그럴듯한 언론사에 취업을 하는 데도 도움이 될 수 있을 것이라는 생각이 들었다. 다른 한편으로는 지금 학내 민주화 운동 참여가 소홀해질 수밖에 없을 텐데, 그게 잘하는 일일까 하는 생각도 들었다. 내가 학보사 기자에 합격했다는 소식을 전해 들은 서클 운동권 선배들도 '꼭 그 일을 할 거냐'고 물었다. 나는 며칠 동안 깊이 고민했다. 그리고 결단을 내렸다. 나는 1주일 만에 학보사 일을 그만두었다. 기사 작성법, 원고지 쓰는 법을 배우는 중이었다. 나를 추천하고 합격시켜준 선배들에게는 미안한 일이었다.

나는 기자의 꿈을 접은 후 더욱 학생운동권에 깊이 개입하게 됐다. 5월이 되자 학내 투쟁은 더욱 격해졌다. 최규하 대통령이 있었지만 허수아비에 불과했고, 이미 정권은 전두환 장군에게 넘어가고 있었다. 전두환과 신군부 세력은 호시탐탐 전면에 나설 기회를 노리고 있었다. 이를 간파한 학생들의 투쟁도 격해졌다.

성균관대의 5월 1일 시위는 아주 격렬했다. 몸을 밧줄로 묶고 연좌 농성을 하며 경찰과 대치하면서 시작한 시위는 최루탄과 돌멩이를 던지는 공방전으로 전개됐다. 나는 그날 학교 대문에서 뭔가를 경찰을 향해 던지다가 내 오른손 가운뎃손가락에 큰 상처를 입었다. 나는 다른 부상자와 함께 인근 서울대병원 응급실에서 마취도 없이 다섯 바늘 정도를 꿰맸다. 학교에 돌아와보니 내 손가락이 절단됐다고 소문이 나 있었다.

5월의 학생 시위는 캠퍼스에서 계속됐다. '도산연구회' 선배들 몇 명이 연행되어 일부는 구속되고 일부는 군대에 강제로 입영됐다.

5월 14일부터는 서울의 전 대학이 시내로 쏟아져 나왔다. 성대 학생들은 명륜동을 빠져나와 창경궁 앞을 지나 종로를 거쳐 서울역 앞으로 진출했다. 15일은 서울역 앞에 최대 인파가 모여 '계엄령 해제' '전두환 물러가라'고 구호를 외치며 경찰들과 대치했다.

이때 학생운동 지도부는 그 후 논란이 된 결정을 내렸다. 이만큼 우리 뜻을 보여주었으니 이젠 학교로 돌아가 지켜보자는 것이었다. 그래서 16일은 시위를 하지 않는 것으로 결정됐다.

15일 서울역 앞 시위를 끝내고 합정동 집으로 돌아오니 광주에서 전보 한 통이 와 있었다. 어머니가 많이 아프니 집으로 돌아오라는 것이었다. 나는 속으로 생각했다.

'이것은 거짓일 것이다. 서울 시위 소식을 들으시고 걱정이 돼서 내려오라는 것이 분명하다.'

그렇다고 어머님이 편찮으시다는 연락을 받고 가지 않을 도리가 없었다. 나는 그날 밤 서울역에서 야간열차를 타고 광주로 내려갔다. 새벽에 도착해 집에 들어서니 부모님 두 분께서 멀쩡히 앉아 나를 기다리고 계셨다. 예상했던 대로였다. 14, 15일 서울의 시위 소식을 듣고 걱정이 돼서 내려오게 하기 위해 한 말이라며 '며칠 있다 조용해지면 올라가라'고 했다.

나는 몸을 씻고 아침을 먹고 쉬다가 집 가까이 있는 전남대를 갔다. 그때 우리 집은 지금은 '말바우 시장'으로 유명한 곳에 있었는데 전남

80년 서울의 봄 때 남대문 앞에서 경찰이 장갑 페퍼포그 차를 동원해 시위 중인 학생들에게 무차별로 최루가스를 쏘아대고 있다. ⓒ 경향신문

대에서 멀지 않았다. 학생회 사무실에 들러 고등학교 아카데미 시절부터 알고 지내던 한상석 선배, 친구 오홍상, 최병진, 추성길 등을 만나 서울 상황을 알려주고 광주 이야기를 들었다. 오홍상 친구는 5월초에 서울로 올라와 내 집에 하룻밤 묵으면서 서울 상황을 묻고 앞으로의 학생운동 방향을 상의한 적이 있었다.

광주는 서울과 달랐다. 서울은 14, 15일 시위를 하고 쉬고 있었지만 광주는 16일도 계속 시위를 계속했다. 그날은 특히 박정희가 5·16 쿠데타를 일으킨 날이었다. 전남대에서는 5·16 쿠데타 장례식을 하는 퍼포먼스를 벌였다. 그리고 저녁에는 광주 도청 앞에서 '민주성회'를 열고 수많은 학생들이 몇 갈래로 흩어져 횃불을 들고 광주 시내를 돌았다. 벌써 광주는 혁명 전야와 같았다. 나는 이날 전남대에서 5·16 장례식을 구경하고, 밤에는 도청 앞 집회와 횃불행진에 참가하다 밤 9시경 집으로 돌아왔다. 그리고 다음 날인 17일 아침 고속버스를 타고 서울로 올라왔다.

5·17 쿠데타와 광주 5·18

5월 17일, 이날은 계엄령이 전국적으로 확대된 날이었다. 계엄령 확대는 한밤중에 전격적으로 이루어졌다. 그날은 토요일이었다. 나는 광주에서 올라와 학교로 갔다. 이미 학교에도 소문이 났다. 어제(16일) 이화여대에서 서울 지역 총학생회장들이 모여 다음 시위 계획을 토론하던 중 모두가 연행되었다. 곧 휴교령과 함께 계엄령이 전국으로 확대될 것이라는 소문이 돌았다. 우리는 도산연구회 서클룸에 있는 주요한 서류들과 집기들을 들고 나왔다. 휴교령이 떨어지면 학교에 들어갈 수 없다고 판단했기 때문이었다.

예상했던 일이 벌어졌다. 다음 날 아침 우리는 학교 정문 앞에 떡 버티고 서 있는 탱크를 보았다. 대검까지 착검한 군인들이 서 있었다. 나중에 안 사실이지만 학교에 들어가려던 사학과 동료 하나는 군인에게 붙들려 엄청나게 두들겨 맞고 기합을 받았다고 하는 것이다. 우리는 꼼짝없이 당한 것이다. 17일 밤 김대중 선생을 비롯한 재야인사들도 대거 연행됐다. 신군부의 쿠데타가 일어난 것이다. 이른바 '5·17 내란 음모사건'의 시발이었고, 이 사건으로 김대중 선생은 사형 선고를 받게 된다. 광주 5·18 민주화운동이 일어나기도 전에 이미 내란음모죄로 잡혀간 것이다.

휴교령이 떨어지자 고향인 광주로 내려갈까 생각했다. 그런데 광주에서 연락이 왔다.

'광주에는 절대 내려오지 말라.'

광주에서 무슨 일이 일어난 것이 분명했다. 나는 그해 여름에 학교 서클 선후배들을 조심스럽게 만나는 일 외에는 크게 하는 일 없이 지냈다. 그러면서 광주 이야기를 하나하나 들을 수 있었다. 절망이었다. 공포였다.

광주의 학생들과 시민들은 싸웠다. 거기에는 전남대 영문과에 다니는 내 남동생도 있었다. 군인들이 학생들은 다 잡아 죽인다, 특히 전남대 학생들은 가만두지 않는다는 소문이 돌았다. 어머니와 아버지는 상황이 험해지자 막내아들을 살리기 위해 갖가지 아이디어를 냈다. 어머니는 밖으로 나가려는 아들을 주방의 식칼을 들이대며 '엄마를 먼저 죽이고 가라'며 막아섰다. 아버지는 아들을 광주에서 도피시키기 위해 밀짚모자를 씌우고 당신 양복을 입혀 변장을 시켜 농로를 따라 걸어 안전한 시 외곽으로 빠져나오는 데 성공했다.

흥사단 아카데미 활동을 함께했던 선배와 동료들이 전남대에 많이 다니고 있었다. 그들 중 상당수는 총학생회에 참여해 학생회 활동을 주도했고, 어떤 친구는 항상 시위대의 선두에 서서 노래와 구호를 선

창하는 등 시위 대열을 지도했다. 들려오는 이야기에 의하면 누구는 계엄군에 잡혀갔고, 누구는 도망갔다는 이야기가 들렸지만 자세한 내용은 알 수 없었다.

나는 서울에서 불안하고 초조한 시간을 보냈다. 그해 여름 도산연구회 회원 20여 명이 도봉산에 올라가 공부도 하고 산행도 하고 내려오는데 경찰들이 우리를 덮쳤다. 산중에 대학생들이 모여 있는 것이 수상해 보여 누군가 경찰에 신고를 했던 모양이었다. 산 입구에서 모두 연행돼 버스에 태워져 북부경찰서로 끌려갔다. 조서를 쓰고 조사를 받았다. 모두가 하룻밤 유치장 신세를 졌다. 계엄령이 발동되었기 때문에 경찰서도 국군기무사령부에서 나온 상사 계급의 군인이 모든 수사를 지휘하고 있었다. 경찰들은 그의 지휘를 받았다. 동료 하나는 시국과 관련된 유인물을 소지하고 있다는 이유로 1주일간 구류 처분을 받아야 했다.

차차 알게 된 광주는 참상이었다. 학살이었다. 전두환 신군부는 완전무장한 공수부대를 보내 '계엄령 해제', '전두환 처단', '김대중 석방'을 외치는 시민들과 학생들을 진압했다. 탱크와 헬리콥터가 동원됐다. 고등학생들, 대학생들, 시민들, 심지어 임산부까지 희생되기도 했다. 시민들도 무장하고 대항했다. 많은 희생이 따랐다. 우리는 광주의 참상을 알려주는 사진들을 몰래 보며 몸서리쳤다.

그러나 광주 시민들은 하나의 공동체를 이루어냈다. 시민들은 학생들과 시민군들에게 주먹밥과 음료수를 건네주었다. 혼란의 소용돌이 속이었지만 약탈 행위 등은 발생하지 않았다. 광주는 위대했다.

나는 광주 고향에서 일어난 일을 보고 분노했다. 1학년 때부터 운동

권에 참여하고 있기는 했지만, '학살자 전두환'에 대한 증오와 분노는
더욱 커졌다.

여름이 지나고 가을이 되면서 학교가 개강했다. 학교는 곳곳에 사복
경찰관들과 청바지를 입은 '삼청교육대' 사람들이 있었다. 그들은 양
지바른 곳을 점령하고 놀이를 하며 학생들의 동태를 살폈다. 지나가는
여학생들을 희롱하기도 했다. 학교는 무기력에 빠져 있었다.

가을에 한 선배로부터 연락이 왔다. 앞으로 학생운동을 책임질 학
생들을 모아 대학간 연합조직을 만들기 위한 예비모임이 있으니 나가
보라 했다. 나는 선뜻 승낙했다. 서울대 흥사단 아카데미 선배의 지도
를 받으며 서울대, 연대, 이대, 성대 이렇게 4개 대학 학생 중에 한 명

도청 앞 광장에서 광주 시민들이 바라보는 가운데 희생자들의 관을 운구하고 있다. ⓒ 경향신문

씩 선정돼 매주 모여 선배들과 토론하고 공부했다. 우리는 5월 서울역 회군의 잘못을 집중 비판했다. 그리고 전두환 정권의 폭압을 이겨내기 위해서는 강력하고 선도적인 투쟁이 필요하며, 이를 뒷받침할 강력한 조직이 필요하다는 데 의견을 같이했다. 그런 조직이 있었다면 광주는 고립되지 않았을 것이고 전두환 신군부도 광주에서 그런 짓을 하지 못했을 것이라는 생각을 모두 갖고 있었다.

그해 말 서울대 학생운동권이 또 한 번 타격을 입었다. 이른바 '무림' 사건이 일어났다. 무림 사건은 데모를 하지 말자는 시위였다. 민중의 의식화에 노력해야 하며, 역량이 성숙해질 때까지는 준비하고 기다려야 한다는 주장이었다. 일종의 '준비론'이었다. 이 사건으로 서울대의 많은 학생운동권 학생들이 연행되고 체포됐다.

우리 예비그룹 토의에서도 '무림'과 같은 학생운동의 흐름에 대해 비판적 인식을 가지고 있었다. 5월 서울역 회군을 결정한 학생 지도부와 같은 조류의 운동이며, 그런 준비론적 태도는 동의할 수 없었다.

5, 6개월의 예비학습이 끝나고 우리는 헤어졌다. 대신 선배들의 지도로 다른 예비학습팀의 사람과 만났다. 1981년 2월 눈이 많이 내린 어느 겨울날이었다. 경기도 가평군 대성리에 있는 산장의 방을 하나 얻어 '민주학우회'라는 조직을 결성했다. 성균관대의 나와 동국대의 이종구, 성신여대의 이연미였다. 이 3개 대학은 서울 시내의 가운데에 있는 대학들이었다. 전국민족민주학생 연맹의 서울지부 중앙지회 조직이었다. 이연미는 훗날 나와 결혼한 아내다.

1981년 봄부터 학교 캠퍼스는 침체에서 벗어나기 시작했다. 운동권 서클들도 다시 비공개적이지만 활동을 시작했다. 그리고 시위를 결단하는 사람들도 나타나기 시작했다. 시위 계획이 세워지면 성균관대의 경우 5대 운동권 서클 회원들을 중심으로 데모 시간과 장소와 행동지침이 비밀리에 전달됐다. 우리는 긴장 속에서 그 시간을 기다렸다.

당시 학내에는 경찰들이 상주하고 있었다. 학생들이 쉽게 모이기도 힘들었지만 시위가 시작되면 상주하고 있는 경찰과 '삼청교육대'에 의해 금방 진압됐다. 주동자는 바로 잡혀갔다. 그래서 우리들은 다양한 방식을 생각해냈다. 건물 옥상이나 난간, 굴뚝에 올라가 얼마나 오래 버티냐가 중요했다. 우리는 이것을 '고공전술'이라고 불렀다.

주동자는 높은 곳에서 성명서를 낭독하고 유인물을 뿌리며 구호를 외쳤다. 어느 정도 학생들이 모이면 스크럼을 짜고 구호를 외치며 학내를 행진했다. 경찰들도 신속하게 움직였다. 주동자를 연행하기 위해 투입되는 경찰들을 향해 야유를 보냈다. 참여 학생 수가 늘어나면 전투경찰이 투입되고 최루탄이 쏟아졌고 시위가 커지면 최루탄을 뿜어내는 페퍼포그 차가 학내에 들어왔다. 주동자는 동대문경찰서로 잡혀가 구속되어 재판에 회부됐다. 주동자가 아닌 열성 참가자(단순 가담자)들은 경찰서에 잡혀가 맞고 훈방되든가, 구류 처분을 받아야 했다. 주동 학생들은 1년 혹은 2년의 징역형을 받고 감옥살이를 했다. 성대의 경우 81년 한 학기 동안 10여 차례의 시위에서 수십 명이 구속되었다.

남영동 대공분실

1981년 6월 21일 새벽, 서울 종로구 행촌동에 있는 내 자취방에 건장한 체격의 형사들이 들이닥쳤다. 나는 당시 성균관대학 사학과 3학년에 재학 중이었고 행촌동에 조그만 방을 얻어 자취생활을 하고 있었다. 서너 명의 형사들은 잠을 자고 있는 방 안까지 들어와 나를 깨웠다. 나는 깜짝 놀랐다. 형사들은 내 손을 뒤로 꺾고 머리를 눌렀다. 양팔을 붙잡힌 채 자취방에서 끌려나왔다. 손에는 수갑이 채워졌다. 형사들은 자취방에 있는 책과 노트를 모조리 챙겼다. 주인집 식구들은 놀라 눈이 휘둥그레져서 형사들에게 끌려가는 나를 쳐다봤다. 형사들은 나에게 아무런 설명도 하지 않았다.

집에서 끌려나온 나는 독립문 사거리에 있는 파출소로 끌려 들어갔다. 형사들은 어딘가에 전화를 걸어 나의 연행 사실을 보고했다. 그리고 바로 준비한 검정색 승용차에 나를 태웠다. 얼굴을 옷가지로 덮고 고개를 숙이게 했다. 내가 '왜 그러느냐? 어디로 가느냐?'고 묻자 '가만히 있어!' 하고 윽박질렀다. 공포가 밀려왔다.

차가 어딘가에 멈췄다. 차에서 내려 계속 얼굴을 가린 채 어딘가로 끌려갔다. 얼굴에 덮어씌운 것을 벗겨내자 2평 남짓한 방안이었다. 방음벽으로 된 방이었다. 어떤 기관의 조사실이라는 것을 금방 알 수 있었다. 방 한 켠 입구 쪽으로 조사용 철제 책상과 의자가 놓여 있고, 벽쪽으로 침대가 있고, 안쪽에는 욕탕이 있었다. 나는 이곳이 말로만 듣던 남산의 안기부가 아닌가 생각했다. 안쪽 벽에는 세로로 된 조그만 긴 창문이 나 있었지만 밖을 내다볼 엄두를 내지 못했다. 이날 아침을 전후로 하여 '전민학련' 사건('학림 사건')으로 알려진 조직의 관계자들이 대부분 '남영동 치안본부 대공분실'로 연행됐다.

그 후에 알았지만, 내가 끌려간 곳은 남영동 치안본부 대공분실이라는 곳이었다. 훗날, 그러니까 1986년 김근태 민청련 의장이 물고문, 전기고문 등 살인적 고문을 당했고, 1987년 서울대 학생 박종철 군이 물고문을 당해 죽은 곳이었다. 내가 연행된 이후 5, 6년 후의 일이다. 그곳에 도착하자마자 나는 '빨갱이 새끼!' '이놈' '개새끼' 등 갖은 욕설을 들으며 몽둥이찜질과 발길질 세례를 당했다. 몽둥이도 그냥 몽둥이가 아니었다. 어른 팔뚝만 한 두께의 몽둥이로 내 몸을 사정없이 때렸다. 그들은 모두 군화를 신고 있었는데 서너명이 둘러서서 무릎을 꿇고 있는 나를 사정없이 밟고 찼다.

아무런 설명도 없었다. 죽일 기세였다. 순간 나는 '이렇게 죽는구나' 하고 생각했다. 나는 '살려달라'고 했다. 처음에는 아무것도 묻지 않고 욕설을 해대며 때리기만 했다. 그러다가 취조가 시작됐다. 주로 이

선근 등 선배들 이름을 말하며 아느냐고 물었다. 나는 처음에는 '모른 다'고 했다. 그러자 또 몽둥이찜질이 시작됐다. 평생에 그렇게 맞아본 적이 없었다. 그러면서 옆방에 다 와 있다고 했다. 나는 그때서야 이미 선배들이 모두 연행됐다는 것을 알았다. 몽둥이찜질과 구타는 조사받는 동안 계속됐다. 함께 연행된 이태복, 이선근 등은 물고문, 전기고문 등 갖은 고문을 당했다는 사실을 훗날 재판 과정에서야 알았다.

남영동 대공분실에서 30여 일, 옥인동 대공분실에서 10여 일간 연행되어 있었다. 물론 불법 상태였다. 연행될 때는 물론 대공분실에서 조사할 때도 나에게 구속영장을 제시하지도 않았고, 임의연행과 장기 불법구금에 대해 한마디 양해의 말도 하지 않았다. 6월 21일에 연행되고 8월 3일 정식으로 구속영장이 발부되어 종로경찰서 유치장에 수감될 때까지의 43일간은 아무런 법적 근거가 없는 불법구금이었다.

당국은 나의 연행 사실을 가족들에게도 알려주지 않았다. 그때 가족들은 방학을 앞두고 내가 갑자기 실종되자 어딘가에 끌려가 죽은 줄로만 알았다고 한다. 내가 연행된 때는 광주민주화운동이 일어난 지 1년이 지난 때였다. 광주에 살며 광주사태를 직접 경험한 내 부모는 더욱 그렇게 생각했다. 캠퍼스에서도 어떤 기관에 끌려간 것 같다는 소문만 돌았다고 한다. 종로경찰서에서도, 서대문 서울구치소에 이감된 후에도 몇 달간 가족면회마저 금지되었다. 모두가 불법이었다. 검찰 조사가 끝나고 재판이 시작되면서 처음으로 서대문 서울구치소로 면회 온 어머니는 죽은 자식을 보는 것 같아 두려운 마음에 얼마간 면회실을 들어오지 못했다.

남영동과 옥인동 대공분실에서 40여 일 동안 오른손 가운뎃손가락에 굳은살이 생길 정도로 지겹도록 조서를 꾸몄다. 내 조서는 나는 사회주의자고, 전민학련이라는 국가보안법상 반국가단체의 구성원이 되어 북한을 찬양 고무하는 활동을 했고, 81년 봄 성균관대학에서 일어난 모든 시위를 배후에서 조종한 것으로 꾸며졌다. 그 과정에서 조사관은 "너 사회민주주의 좋아하잖아. 사회민주주의자라고 써!"라고 하더니 며칠 후에 와서는 "'민주'는 빼고 사회주의자라 하자."고 하며 조서를 다시 쓰게 했다. 그리고 "너희 놈들은 휴전선에 풀어놓고 총으로 쏴 죽이고 월북하던 놈 사살했다 하면 그만이다."며 공갈과 협박을 일삼았다.

조서 쓰기는 밤낮으로 이어졌다. 그리고 다른 방에서 조사받고 있는 선배나 동료들과 조서 내용이 틀리다며 또 몽둥이찜질을 당해야 했다. 나를 담당한 조사관은 2명이었다. 교대로 근무하며 나와 함께 생활을 같이했다. 조사관은 밤에도 침대 시트를 내려놓고 옆에서 같이 잠을 잤다. 24시간 철저히 감시 속에서 살았다. 식사는 끼니가 되면 식판에 담겨 들어왔다.

조서는 철저히 꾸며졌다. 내가 대학에 입학해 활동한 성균관대학교 도산연구회에서의 세미나 등 서클 활동은 모두 반국가단체 활동을 위한 의식화 교양과 조직화 사업이 되었다. 내가 읽은 각종 서적들은 모두 의식화 교양서적이 됐다. 그 목록에는 『민중과 지식인』(한완상), 『역사란 무엇인가』(E. H. 카), 『후진국경제론』(조용범), 『서양경제사론』(최종식), 『한국민족주의의 탐구』(송건호), 『소유나 삶이냐』(에릭 프롬) 등의 책도 포함되어 있었다.

나는 대학 2학년 겨울 무렵 선배들의 소개로 알게 된 동국대학교의 이종구, 성신여대의 이연미와 '민주학우회'라는 이름의 학생모임을 만들었다. 세 사람의 모임은 경기도 대성리 민박집이나 서울 시내의 음식점에서 이루어졌다. 이렇게 겨우 세 사람이 모이는 '민주학우회' 모임은 '현저히 사회를 불안하게 할 목적'을 가진 신고하지 않은 불법 집회가 되었다.

그리고 1981년 1학기에 성균관대에서 있었던 2~3 차례의 '전두환 타도' '광주학살 진상규명'을 주장한 학생시위를 '민주학우회'가 사전에 음모하고 내가 배후에서 조종한 것으로 꾸며졌다. 당시 학생 시위는 1년 전 광주에서 있었던 '광주민주화운동'을 군대를 동원해 진압하면서 무고한 시민들을 학살하고 집권한 전두환 정권에 대한 항의의 표시로, 의식 있는 학생들의 결단에 의한 것이었다.

밥을 먹은 후 식판을 내놓으며 조사실 밖 복도를 내다볼 때가 있었다. 중앙 복도 양쪽으로 조사실이 연이어 있었다. 내 방 앞방에는 여자 선배 한 분이 조사를 받고 있었다. 어느 날 내 담당 조사관과 또 다른 조사관이 키득키득 웃고 좋아했다. 조사관들은 여자 선배에게 목욕을 하라고 방을 비워주었다. 그리고 밖에서 훔쳐본 것이다. 모든 조사실 방에는 밖에서 안을 볼 수 있는 렌즈가 달려 있었다. 아파트 안에서 밖의 복도를 볼 수 있도록 한 자그마한 렌즈를 밖에서 안을 감시하도록 거꾸로 달아놓은 것이다. 파렴치한들이었다. 인권유린이었다. 나는 그것을 보면서도 공포에 질리고 무기력에 쌓여 아무것도 할 수 없었다. 그 선배를 생각하면 항상 미안하고 죄스럽다.

남영동 조사를 받은 지 30여 일이 지난 7월 하순경, 다른 곳으로 옮긴다는 소식이 들렸다. 옮겨진 곳은 종로구 옥인동에 있는 또 다른 대공분실이었다. 조사실은 남영동과 마찬가지로 방음벽 처리가 돼 있었고 4~5평 정도로 컸다. 그곳에서 그 방대한 조서를 다시 썼다.

1980년 광주학살을 통해 집권한 전두환 정권은 국민의 저항이 언제 일어날지 두려워했다. 1981년 새 학기부터 서울의 여러 대학에서 학생들의 시위가 격화되자 전두환 정권은 국면을 전환시킬 구실을 찾고 있었다. 여기에 전민학련과 전민노련을 이용한 것이다. 당시 전두환 정권과 수사 당국은 전민학련을 반국가단체로 크게 선전해 학생들의 반정부 시위를 국민들로부터 떼어놓을 계산을 가지고 있었다.

그러나 학생, 노동자 등 관계자들의 숫자가 많아지자 정권은 부담을 느꼈다. 수사 당국은 기소와 사건 발표에 앞서, 급히 재학 중인 대학생들의 조서를 전부 국가보안법 위반에서 집회시위법 위반으로 다시 작성하게 했다. 그래서 우리는 옥인동 대공분실로 옮겨 조서를 다시 꾸며야 했다. 그렇게 해서 그때 잡혀간 선배들은 국가보안법상 반국가단체 구성원이 되고, 나를 포함한 후배 그룹들은 집회시위법 위반이 적용됐다.

나는 1981년 8월 3일 정식 구속돼 종로경찰서에 수감되었다. 이어 서대문 서울구치소로 이감돼 재판을 받았다. 1심에서는 징역 3년 구형에 징역 2년을 선고받았다. 항소심 심리 후 1982년 5월 22일 징역 1년 6개월이 확정되었다. 판결문에는 '전두환 타도' '광주항쟁 만세' 등의 시위를 주관하고 전국민족민주학생연맹과 관련한 조직 활동에 참여하는 등 민주화 시위를 음모, 주도하고 참여하였다고 적고 있다. 그해 8월 22일에는 성균관대학에서 제적 처분을 받았다.

당시 검사는 안강민, 임휘윤, 김경한, 박순용이었고, 1심 재판장은

허정훈 판사였고, 이영애 판사, 장용국 판사가 배석했다. 2심 재판장은
최종영 판사였고, 이강국 판사와 황우여 판사가 배석했다.

첫 번째 감옥 생활

서대문구치소 생활은 최악이었다. 당시 학생들은 모두 독방에 수감되었다. 나도 독방에 있었다. 처음에는 혼자서 있는 시간이 너무도 지루하고 답답했다. 주로 책을 읽고 혼자서 바둑을 두기도 하며 시간을 보냈다. 가족들이 면회 오는 시간과 매일 30분씩 운동하는 시간이 가장 좋았다. 그리고 재판을 받기 위해 법정에 출두하는 날이 좋았다. 법정으로 가는 호송차 안에서 '공범'들을 만나 눈짓, 손짓으로 이야기를 나눌 수 있었다. 모두가 포승줄에 묶인 몸이었지만 죄인의 모습은 찾아볼 수 없었다.

편지는 봉함엽서에 한 달에 한 번 쓸 수 있는데, 가족에 한하여 허용되었다. 물론 검열 도장을 받아야 외부로 내보낼 수 있었다. 신문은 아예 볼 수 없었다. 감방은 매주 한 번씩, 혹은 수시로 '검방'이라는 것을 해서 금지물품을 찾아냈다. 감옥 안에는 '검방을 일주일만 안 하면 헬

리콥터도 만든다'는 이야기가 있다. 방 안에서 할 일이 없는 재소자들은 무언가를 했다. 두루마리 화장지, 빵봉지 등을 이용해 무언가를 만들어냈다. 그리고 어떻게 들어왔는지 모르지만 라이터, 바늘 등 금지 물품들이 돌아다녔다.

밥은 콩밥이었다. 콩 반, 보리 반이라고 할 정도로 콩이 많이 들었다. 반찬은 무말랭이, 김치조각, 멀건 국들이 들어왔다. 밥의 양은 적지 않았다. 아침 7시, 낮 12시, 오후 4시가 배식 시간이었다. '식구통'이란 곳을 통해 이미 형이 확정된 기결수들이 밥 한 덩이와 반찬, 국을 넣어주었다. 처음에는 적응하기가 쉽지 않았다. 방 안에서 콩밥만 먹으니 소화가 잘 안 됐다. 구치소 안에서 마가린과 고추장을 사서 비벼 먹었는데 먹을 만했다.

일주일에 한 번은 삶은 돼지고기 한 덩이가 나왔다. 때로는 닭고기가 나오는 날도 있었다. 이 돼지고기는 학생들의 구치소 투쟁의 주요 대상이었다. 행형법과 구치소 규정에 정해진 양이 있는데 너무 적다는 것이다. 돼지고기를 누군가 가로채고 있고 '정량'을 달라는 요구였다. 학생들은 '통방'을 통해 이런 정보를 주고받고 옥중투쟁을 했다. '통방'이란 죄수들끼리 큰 소리로 다른 방에 있는 상대방을 불러 대화를 나누는 것을 말한다. 모두 금지된 행위였지만, 학생들은 그 규정을 무시했다.

내 방은 1층 맨 끝의 방이었다. 옆에 목욕탕이 있어서인지, 아니면 위층에서 물이 새는지 겨울에는 방안에 벽을 타고 얼음이 얼고 고드름이 열렸다. 한겨울에는 벽 한쪽에 작은 빙벽처럼 얼음이 얼었다. 두꺼운 속옷에 솜옷을 입고 이불을 뒤집어써도 도저히 추위를 이길 수가 없었다.

구치소에는 쥐와 비둘기들이 많았다. 콩 때문이었다. 재소자들은 먹고 남은 콩밥을 화장실에 버리거나 창살 너머로 버렸다. 살찐 쥐들은 화장실 밑을 기어다녔다. 살찐 비둘기들은 지붕에서 밥이 던져지기를 기다렸다. 구치소 생활이 지루해진 나는 비둘기를 포획할 계획을 세웠다. 식빵 봉지를 말아 고리를 만들고 밥을 던져 비둘기를 유인했다. 몇 차례 실패 끝에 비둘기를 잡았다. 방안에 묶어두고 친구 삼아 놀았다. 이것을 보고 교도관은 어이없어 했다.

잠결에 내 코를 간질이는 무언가가 느껴졌다. 눈을 떠보니 생쥐 세 마리가 내 이불 속까지 들어와 있었다. 나는 화들짝 놀라 방안을 돌며 밥을 받아먹는 식기로 한 마리씩 덮어놓고 아침에 어떻게 처리할지를 궁리하기로 하고 다시 잠이 들었다. 아침에 일어나 식기를 들쳐보니 모두 죽어 있었다. 추워서 동사한 것이다.

마룻바닥 밑에서는 쥐들의 잔치가 매일 열렸다. 하루는 마루에 관솔이 빠져 생긴 구멍으로 귀여운 생쥐 한 마리가 고개를 내밀고 전후좌우를 살피기를 반복했다. 나는 먹다 남은 떡 조각을 구멍 앞에 놓고 생쥐를 유인했다. 생쥐는 쉽게 속지 않았다. 나는 떡 조각을 실로 묶어 한 손으로 잡고 구멍 가까이에 갖다대어 생쥐를 유인했다. 생쥐는 상체만 내놓은 채 떡을 물고 가져가려고 했다. 내가 떡을 잡아당기자 구멍 속으로 쏙 들어갔다. 나는 떡을 구멍에서 더 멀리, 생쥐가 상체를 다 내밀어야 먹을 수 있는 곳까지 갖다 놓았다. 조금 있다가 생쥐는 머리를 내밀고 전후좌우를 살피더니 구멍에서 빠져나와 떡을 물었다. 한 손에 식기를 들고 있다가 이 틈을 타서 재빨리 구멍을 막아버렸다. 도망갈 구멍을 잃은 생쥐는 말 그대로 '독안에 든 쥐'였다. 1.75평 감옥 안에서 어디로 도망갈 수 있겠는가? 나는 이렇게 해서 여러 마리의 생쥐를 생포해 라면 박스를 구해 먹이를 주며 길렀다.

한번은 구멍에서 빠져 나온 생쥐가 구멍을 향해 도망가는데 꼬리를 눌렀다. 그런데 놀라운 광경이 벌어졌다. 마룻바닥 밑에 있던 다른 생쥐가 머리를 내밀더니 서로 입을 물고 구멍 쪽으로 당겼다. 내가 꼬리를 누르고 있는 생쥐는 구멍 안으로 들어가려 하고, 구멍 안에 있는 생쥐는 밖에 있는 생쥐를 입으로 물고 당겼다. 아마도 둘은 형제간이었

서대문 구치소 내부 모습. 지금은 서대문형무소역사관으로 바뀌어 시민들에게 일제 때의 잔학상을 알리고 독립과 민주주의의 중요성을 일깨우고 있다.

던 모양이다. 언니인지, 동생인지, 형인지 모르겠지만 잡혀 있는 형제를 위해 입을 물고 끌어당기는 것을 보고 생쥐 같은 하찮은 동물도 그런 정들이 있구나 하고 생각했다. 그 일이 있은 후 나는 생포한 생쥐들을 석방하고, 다시는 '생쥐놀이'를 하지 않았다.

겨울보다 더 힘든 때가 봄이었다. 운동장은 부채꼴 모양으로 높은 블록 담으로 갈라져 있는 원형의 운동장이었다. 한가운데 교도관의 감시 망루가 있었다. 운동장에서 바라보는 안산과 인왕산의 신록과 개나리, 진달래는 나를 더 힘들게 했다. 언제 감옥을 나가 저 산과 들을 맘껏 거닐 수 있을까?

감옥에는 혼자서 걸을 수 있는 권리, 즉 '독보권'(獨步權)이 없다. 면회를 가거나 목욕이나 운동을 위해 다른 곳으로 갈 때는 항상 교도관과 함께 가야 한다. 나 역시 혼자 걸을 수 없었다. 항상 몇 발짝 뒤, 혹은 바로 옆에 교도관이 붙어 있었다.

재판은 요식행위에 불과했다. 우리나라 인권변호사의 대부로 불리는 이돈명 변호사를 비롯해 변호인단이 열심히 변론을 했지만 판결문은 검찰이 작성한 공소장 내용 그대로였다. 43일간의 불법구금, 수사 과정의 폭력, 고문 등은 아무런 문제가 되지 않았다. 나는 피고인들과 방청석을 제대로 쳐다보지도 못하고 공소장 그대로 된 판결문을 낭독하는 판사들을 보며 판사들이 불쌍하다는 생각이 들었다.

우리 사건으로 법정에 선 피고인들은 무려 30여 명이나 되었다. 그만큼 심리 기간도 길었다. 우리는 감옥 안에서 산책 삼아 나오는 재판이 즐거웠지만 매번 방청을 와야 하는 가족들은 오랜 재판에 지쳤다.

방청석에는 불안한 표정으로 나를 바라보는 어머니, 아버지, 누나들, 쌍둥이 형이 보였다. 재판은 6개월이 넘게 진행되었다. 2심 재판이 끝나자 나는 대법원 상고를 포기했다. 1년 6월 징역형이 확정된 것이다. 나는 서대문 서울구치소에서 춘천교도소로 이감됐다.

서울을 출발한 호송차는 원주교도소에 재소자 한 명을 내려주고 춘천교도소에 도착했다. 가는 차 안에서 교도관이 담배 한 개비를 주며 피워보라고 했다. 두어 모금 빨자 속이 메스꺼워졌다. 강원도 산길에 차는 쉴 새 없이 덜컹거렸다. 원주교도소에서 깍두기 반찬에 먹은 점심을 모두 토하고 말았다.

'징역살이는 갈수록 편하다'는 말이 있다. 조사 받을 때가 가장 힘들고 경찰서 유치장이 조금 낫고 구치소가 더 낫고 기결수가 된 뒤 수감되는 교도소가 더 편하다. 춘천교도소는 당시로서는 새로 지은 새 건물에 화장실도 수세식이었다. 물론 독방이었다. 나는 그해 여름을 아주 시원하게 보냈다. 산 속 시원한 곳에 교도소가 있었다. 수세식 화장실 바닥은 방바닥보다 20cm 낮았다. 변기를 깨끗이 닦고 물 내려가는 곳을 낡은 옷가지로 막고 물이 방바닥 높이까지 찰 때까지 밸브를 누르고 있으면 조그만 풀이 됐다. 화장실 겸용 풀장이었다. 나는 물속에서 발가벗고 앉아 책을 읽곤 했다.

독방 생활은 지겨웠다. 일요일이면 더 힘들었다. 운동 시간도 없이 하루 종일 방안에 갇혀 있어야 했다. 일요일이 되면 종교 시간이 있었다. 하루는 "기독교 신자들은 나오라" 해서 나도 나갔다. 나는 물론 기독교 신자가 아니었다. 그날 목사가 나를 따로 불러 세 가지를 물었다.

"예수님께서 우리의 죄를 사해주기 위해 십자가에서 돌아가셨다. 예수님께서는 3일 만에 부활하셨다. 하나님께서 우리를 구원하러 오신다."

이렇게 말하며 나에게 이 세 가지를 믿느냐고 물었다. 그냥 믿는다고 하면 세례도 받을 수 있는 간단한 요식행위였다. 그런데 나는 "글쎄요. 생각을 좀 해봐야겠다."고 이야기했다. 순간 목사는 당황했다. 나는 그때 학생운동에서 배운 사회과학 지식과 운동에 대한 신념에 가득 차 있었다.

또 한 번은 일요일인데 "불교 신자들은 나오라"고 했다. 심심하던 차에 나도 나갔다. 그랬더니 참석자들 모두를 바닥에 앉게 하고 왼팔을 앞으로 내밀게 했다. 지난번 행사에서 무슨 절차가 있었는지모르겠지만, 기독교처럼 무엇을 물어보지도 않았다. 그리고 팔뚝 위에 쑥뜸 같은 것을 올려놓고 불을 붙였다. 쑥뜸이 다 타는 데는 꽤 시간이 걸렸다. 엄청나게 뜨거웠다. 모두 참고 있는데 나만 뜨겁다고 털어낼 수 없는 노릇이었다. 그날 이후로 팔뚝에 불에 덴 상처가 남고 딱지가 앉았다. 이것을 불교 용어로 '연비'라고 했다.

딱지가 떨어질 무렵 나에게 '수계증'이라는 것이 전달됐다. 앞에는 '혜근'(慧根)이라는 법명이 적혀 있고, 뒷면에는 '살생하지 말라' '도둑질하지 말라' 등 다섯 가지 신도로서 지켜야 할 계율이 한자와 한글로 적혀 있었다. 그때 수계를 받은 사람의 법명은 모두 '근'(根)자가 붙었다.

나는 자원해서 출역도 나갔다. 이왕 감옥에 왔으니 일반 재소자들과도 어울려 보고 싶었다. 교도소 측은 머뭇거렸다. 학생들과 일반 재소자들이 섞이는 것을 싫어했다. 얼마 있으니 조화 공장으로 가라는 연락이 왔다. 그리고 일반수와 합방을 했다. 한 방에 열대여섯 명이 함께 사는 방이었다. 나는 금방 후회했다. 화장실도 하나였고, 사기, 절도, 폭력 등 갖은 범죄를 저지른 죄수들과 쉽게 어울리기가 힘들었다. 조화를 만드는 일도 시간을 때우는 일이었다. 종이를 말아 꽃잎이나 꽃대를 만드는 아주 단순한 일이었다. 그 생활을 1개월 남짓 했다.

1982년 12월 24일, 1년 6개월의 형기를 40여 일 남겨두고 형집행정지로 석방됐다. 전두환 정권은 1980년 광주내란음모사건으로 사형을 선고 받고 수감 중이던 김대중 선생을 석방시켜 미국으로 망명을 보내면서 5·17내란음모사건 관계자와 우리 사건 관계자 중 몇 사람을 함께 석방시키며 국민화합 조치라고 선전했다. 나는 성탄절을 하루 앞둔 24일 새벽 춘천교도소에서 석방됐다. 김대중 선생 덕분에 만기를 40여 일 앞두고 출소한 셈이 됐다. 감옥에는 '하루가 징역이다'라는 말이 있다. 감옥 하루 살기가 그만큼 힘들다는 뜻인데, 40여 일을 앞당겨 나왔으니 얼마 큰 은혜인가?

김대중 대통령과의 인연은 이렇게 시작됐다. 훗날 김대중 대통령을 모시면서 김 대통령에게 "대통령님 덕분에 40여 일 감옥에서 먼저 나왔습니다." 하고 말씀드린 적이 있다. 김 대통령은 "그런 일이 있었는가? 그때는 모두 힘들었지." 하시면서 놀라워했다.

잡혀갈 때도 이불 속이었는데 나올 때도 새벽 이불 속이었다. 여느 날과 마찬가지로 추워서 이불을 깊게 덮어쓰고 자고 있는데 느닷없이 교도관이 내 감방 문 앞에서 수인번호를 부르고 "최경환! 집에 가자!"

고 소리치며 빨리 나오라고 독촉했다.

사전에 어떤 석방 암시도 받지 못했다. 나는 교도소 측에서 제공한 앰뷸런스를 타고 왱왱 소리를 내며 경춘가도를 달려 서울 화곡동에 사는 누나 집에 도착했다. 갑작스런 나의 등장에 가족들은 깜짝 놀랐다. 함께 부둥켜안고 울었다. 이렇게 1년 반 만에 가족 품에 안겼다.

출소는 했지만 내 몸은 남영동 대공분실에서 당한 몽둥이찜질과 오랜 감옥 생활로 만신창이가 되어 있었다. 특히 허리와 등에 통증이 극심했다. 집안 어른들이 허리 통증에 효험이 있다고 사주(뱀술)를 보내줘 복용하기도 했다. 오랫동안 경희대 한방병원에서 친구의 도움을 받아 침 치료를 받았다. 그리고 수년 동안 불면증에 시달렸다.

죄지은 자식

감옥에서 나와 곧바로 광주로 내려갔다. 그리고 부모님께 인사를 드렸다. 부모님은 나를 원망하거나 나무라는 말은 하지는 않았다. 한겨울이었지만 얼마 동안 더운 방에서는 잘 수가 없었다. 1년 6개월 동안 온기라곤 전혀 없는 감옥 마루방에서 자다가 갑자기 더운 방에서 자려고 하니 답답하고 잠이 오지 않았다. 이불을 들고 나와 마루에서 잤다. 이 모습을 보고 어머니는 또 울었다.

아버지는 나를 내가 태어난 시골 고향 마을로 데려갔다. 아버지와 나는 시골에 방을 하나 얻었다. '산판일'을 하기 위해서였다. 증조부모 묘소가 있는 5천여 평 규모의 산에 있는 나무를 모두 베어내는 일이었다.

아버지가 감옥에서 방금 나온 아들을 왜 고향 마을로 데려갔는지는 잘 모르겠다. 고향 마을 친척과 친지들은 고생했다며 나를 위로했다.

그러나 속으로는 나에게 곱지 않은 생각을 가지고 있었다.

'비싼 돈 들여 서울로 공부하라고 보냈더니 데모나 하고 감옥까지 갔다 왔다.'

나는 이미 감옥 안에서도 그런 친지들의 분위기를 듣고 있었다. 나는 '불효막심한 놈'이었다. 아버지와 어머니는 말 그대로 '죄지은 자식의 부모'였다. 아버지도 그런 주위의 시선을 잘 알고 있었을 것이다.

여러 사람이 빤히 보는 가운데 죄지은 자식을 고향으로 데려간 아버지의 생각은 다른 데 있었다. 아버지는 감옥 갔다 온 아들을 데리고 '산판일'을 함으로써 친척들과 마을 사람들을 향해 말하고 있었다.

'비록 내 자식이 감옥까지 갔다 왔지만 떳떳하고 용기 있는 일을 했다.'

나는 그렇게 생각했다. 그리고 아버지는 나를 향해서도 마음속으로 말하고 있었다.

'너를 믿는다. 용기 잃지 말라.'

아버지와 나는 보름 동안 한 방 안에서 자며 '산판일'을 마쳤다. 간간히 눈도 내렸다. 잘라낸 나무를 목재로 쓸 나무와 땔감으로 쓸 나무로 구분해 가지런히 정리했다. 그해 봄 서울에서 다시 내려와 나무를 베어낸 산에 소나무와 밤나무를 줄 맞추어 심었다.

'산판일'을 마친 뒤 다시 서울로 올라왔다. 대부분의 친한 친구들은 감옥에 있거나 군대에 있었다. 어떤 선배의 소개로 남양주에 있는 옥돌광산에서 다이너마이트를 터뜨려 돌을 캐고 빻는 일을 몇 달 하기도 했다. 그리고 을지로 인쇄골목의 인쇄소에서 인쇄물을 제작하고 제작된 물건들을 납품하는 일을 하기도 했다. 명함을 만들어 납품하기도

했다. 나는 그때 조판, 인쇄, 제본 등 책이나 인쇄물을 만드는 과정을 익히게 됐다. 한때는 컬러 오프셋 인쇄 기술에 매료돼 인쇄기 앞에서 자리를 뜨지 못하기도 했다. 아버지의 부탁을 받은 서울 사는 집안 어른 한 분이 직장을 알아보기도 했지만 반정부 운동을 하다 감옥 살고 나온 나를 채용할 직장은 없었다.

그러다가 대학 선배가 운영하는 출판사의 영업사원으로 들어갔다. 여강출판사란 곳이었다. 여강출판사는 한국사, 동양사, 한문학, 고전 문학 등 고전 자료를 영인하고 해제를 붙여 출판했다. 나는 신간이 나오면 책을 들고 서울과 지방에 있는 대학을 찾아다녔다. 사학과, 국문과, 한문학과 등의 교수들을 찾아가 책을 소개하고 팔거나 도서관에 납품하는 일을 했다. 사무실이 홍익대 앞에 있어 마포구 연남동에 방을 얻어 자취 생활을 했다.

민청련

1983년 가을이 되자 감옥에 갔던 대학 동료들이 감옥에서 나오기 시작했다. 감옥을 마치고 나온 동료들과 후배들은 대부분 노동운동을 하기 위해 '노동현장'으로 들어갔다. 공장이 많고 노동자들이 밀집한 지역인 인천이나 안양, 안산 등이었다. 일부는 후배들의 학생운동을 지도하고 지원하는 일을 했다.

1983년 9월 민청련(민주화운동청년연합)이라는 청년운동 단체가 창립되었다. 전두환 정권에 맞서 싸울 공개적인 청년운동 조직이 필요하다는 논의 끝에 만들어진 것이다. 제적생을 중심으로 한 성균관대 운동권 사이에서도 민청련에 조직적으로 참여하기로 하고 79학번에서는 내가 대표로 참석했다. 낮에는 출판사 일을 하고, 저녁에는 민청련 일을 했다. 그때 민청련에는 은행원도 여럿 있었고, 이름 있는 건설회사 직원 등 나와 같은 직장인이 많았다. 대부분 학생운동 경험이 있는 사람들이었다.

민청련에는 '계반'과 '계주'라는 조직이 있었다. 대학별, 학번별로 학생운동을 떠난 제적생이나 청년들의 모임이 '계반'이었다. '계반'의 대표들이 모여 '계주' 모임을 만들었다. '계주' 모임은 모든 활동방향과 노선이 논의되는 대의원회 같은 성격의 모임이었다. 또한 '계반'을 이끌며 시위와 집회에 참여하고 선전물을 배포하는 실천단위였다. 밤을 새워 토론하고 집회에 나가고 유인물을 뿌리는 일들을 했다. '계주'와 '계반'은 외부에 노출되지 않은 비공개 조직이었다.

민청련이 혹독한 탄압 속에서도 오랫동안 조직을 유지하고 싸울 수 있었던 것은 '계주'와 '계반'과 같은 조직적 기반이 있었기 때문이었다. 나는 거기에서 많은 선후배들과 토론하고 활동했다. 민청련에는 후에 정치권과 시민운동에 진출한 많은 지도적인 사람들이 모였다. 나는 초기 민청련의 막내였다.

민청련 운동은 전략적이었고 전투적이었다. 스스로를 반(半)공개 단체라고 규정하고 공개투쟁을 하면서도 비(非)공개 조직을 유지했고 서로 보완하며 힘을 키웠다. 의장단과 집행부인 사무국 간부들은 사찰기관의 일상적인 감시 속에서도 헌신적으로 일했다. 지도부와 회원들은 전두환 정권을 무너뜨리겠다는 확고한 비전과 전략을 공유했으며, 자신을 희생하며 참여했다.

민청련은 조직의 상징으로 두꺼비를 내세웠다. 두꺼비는 알을 품고 뱀을 찾아 나서 뱀의 성질을 돋우어 스스로 잡혀 먹힌다. 뱀에 잡혀 먹힌 두꺼비는 죽지만 두꺼비 몸속의 알은 뱀을 자양분으로 부화해 새끼들로 살아난다. 이렇게 민청련은 전두환 군사정권의 먹이가 되기를 자처했고, 민청련이 수많은 새끼를 낳아 결국 민주화를 이룰 것이라는 확신을 가지고 있었다. 나는 이런 민청련이 좋았다. 민청련을 조직한 선배들이 자랑스러웠고, 함께 참여한 선후배들이 좋았다.

운동은 적개심으로 하는 것이 아니라, 민주주의, 자유와 정의, 공동체, 인간다운 삶과 같은 가치에 대한 공감에서 나오는 것이라고 한다. 그러나 나는 그때 너무 젊었다. 내 학창 시절을 감옥 독방에 가두어넣고, 내 고향에서 너무도 많은 사람들을 학살한 전두환 정권을 용서할 수 없었다. 민청련은 여기에 대한 확실한 목표를 가지고 있었고, 참여한 사람들은 열정을 가지고 있었다. 직장과 가족을 가지고 있었지만 생활을 포기할 줄 알았고 희생할 줄 알았다.

민청련은 점차 운동의 중심으로 떠올랐다. 민청련은 확고한 리더십과 민주화운동 노선을 구축하는 데 성공했다. 그리고 학생운동의 경험을 가진 광범하고 강력한 실천 역량을 조직화할 수 있었다. 그리고 탁월한 선전활동 능력을 가지고 있었다. 당시 민청련이 발행한 〈민주화의 길〉이라는 책자는 학생운동을 포함한 운동 진영에서 널리 애독됐다.

민청련 출범 이후 노동, 종교, 빈민, 여성 등 각 분야에서 민주화운동의 기운이 솟아나기 시작했다. 1980년 광주학살 이후 잠잠했던 재야운동도 살아나기 시작했다. 각 부문운동을 하나의 전선체로 묶는 민중민주운동협의회가 결성되기도 했다. 1984년 5월 민청련은 80년 이후 몰래 다녔던 광주 망월동 묘소를 공개적으로 참배해 광주문제가 아직 끝나지 않았음을 세상에 알렸다. 그리고 노동자와 도시빈민 등 민생투쟁을 지원했다. 그 과정에서 집행부 간부들은 경찰서 유치장을 제집 드나들듯이 해야 했다.

전두환 정권은 알을 품은 두꺼비를 먹어치울 결심을 했다. 1985년 9월, 정권은 민청련 의장인 김근태와 탁월한 이론가인 이을호 등을 검거하고 학생조직과 연계시켜 수사를 진행했다. 이 과정에서 김근태와 이을호는 말할 수 없는 고문을 당했다. 김근태 의장은 남영동 대공분실에서 고문기술자 이근안으로부터 10여 차례에 걸쳐 물고문, 전기고문 등 상상할 수 없는 고문을 당했다.

김근태 의장은 명실상부한 민청련의 지도자였다. 이론과 덕망, 실천력, 리더십을 갖춘 지도자였다. 김근태 의장은 인천지역에서 노동운동을 하다가 민청련에 몸을 던졌다. 민청련 회원들은 김근태 의장을 신임했다. 그는 민청련 창립과 함께 안기부 간부에게 폭력을 당하고 유치장에 갇히면서도 민청련을 선두에서 지도해 나갔다.

김근태 의장 등의 구속과 민청련 탄압에 항의해 재야인사들이 민청련 사무실에서 농성을 하고 있다.
ⓒ 박용수

전두환 정권은 서울대 학생들이 '민주화추진위원회'를 결성하고 학생운동과 노동운동의 연대를 시도한 '깃발사건'의 배후로 김근태 의장을 지목해 체포했다. 김근태는 공산주의자고, 민청련은 공산혁명을 목표로 하는 단체로 규정했다. 민청련 사무실은 폐쇄되고 많은 간부들이 구속됐다.

김근태 의장에게 행한 악랄한 고문 내용이 면회와 법정 진술을 통해 알려지자 민청련 회원들은 물론 온 민주화운동 진영이 격분했다. 우리는 '살인고문'을 자행한 전두환 정권 퇴진을 요구하는 전단을 만들어 시내에 뿌렸고, 종로와 서울역 앞 등지에서 시위를 벌였다. 이 일로 또 여러 회원들이 감옥에 끌려갔다.

우리는 굴복하지 않았다. 비밀리에 집행부를 구성하고 '계주' 모임을 중심으로 비공개 활동을 전개했다. 거의 지하활동 수준이었다. 구속된 가족들, 주로 어머니와 부인들이 민주화운동가족협의회(민가협)를 만들어 민청련을 엄호했다.

나는 1984년 전두환 정권의 유화조치의 일환으로 단행된 제적학생들의 복학조치로 대학에 복학했다. 그러나 출판사와 민청련 일로 바빴기 때문에 학교에 나가지 못해 다시 제적되기도 했다.

YMCA 앞 시위

1986년 5월 19일, 나는 종로 2가 YMCA 앞에서 경찰에 의해 연행돼 1981년에 이어 두 번째로 종로경찰서 유치장에 수감됐다.

1985년 9월 김근태 의장을 잡아간 이후 공안정국은 강화되고 있었다. 모두가 움츠러들었다. 이때 민청련은 앞으로 어떻게 활동해야 하는지에 대해 내부논쟁이 한층 가열됐다. 나는 이럴 때일수록 싸워서 돌파해야 하고, 민청련과 같은 조직이 학생들과 함께 앞에 나가서 싸워야 한다고 주장했다.

민청련은 불교, 기독교 등 여타 청년단체들과 함께 학생운동 조직과 노동자 조직과 연합해 종로 2가에서 '광주학살원흉처단국민대회'를 개최하기로 결정했다. 민청련에서는 이 시위를 책임질 사람을 정해야 했다. 이런저런 논의 끝에, 결국 나와 서울대 77학번인 진재학 선배가 함께 '야사를 뜨기로' 결정했다. '야사'란 야전 사령관의 줄임말로 데

모의 주동자를 부르는 말이었다. '야사를 뜬다'는 것은 시위를 주동하고 책임지고 감옥에 가는 것을 말했다.

나는 시위의 주력인 학생 조직 책임자들을 은밀히 만나 종로 시위의 윤곽을 정하고 경찰에 잡혔을 때의 알리바이도 서로 맞췄다. 학생들은 시위 시간 전에 신혼부부로 가장하여 종로 2가 YMCA 호텔에 투숙해 있기로 했다. 성균관대 후배 학생들이었다. 당일 정해진 시간이 되면 학생들은 호텔에서 유인물을 뿌리며 플래카드를 내려뜨리고, 민청련 회원인 나와 진재학 선배는 종로 2가 YMCA 앞에서 시위를 선동하기로 했다.

특히 나는 종로 2가 지하철역 입구 덮개 위에 올라가 경찰에 잡힐 때까지 구호를 외치며 선동하기로 돼 있었다. 나는 진재학 선배와 함께 사전 답사를 했다. 직접 현장에 가 살펴보니 신문을 파는 가판대를 딛고 뚜껑 위에 올라가면 쉽게 올라갈 수 있을 것 같았다. 경찰이 나를 끌어내려 진압하기까지는 상당 시간 버틸 수 있겠구나 생각했다. 그러나 그것은 착오였다.

정해진 시간이 되자 낯익은 민청련 회원들의 얼굴이 하나둘씩 보이기 시작했다. 서로 눈짓을 하며 시간을 기다렸다. 이미 사복경찰들도 쫙 깔렸다. 모두가 긴장했다. 나도 지하철 입구에서 서성거리며 신호를 기다렸다. 어디선가 웅성거리는 소리가 나고 YMCA 호텔 위에서 유인물이 떨어지고 플래카드가 펼쳐졌다. 드디어 상황이 시작된 것이다.

나는 주위를 살피다가 지하철역 입구 덮개로 뛰어올라갔다. 머릿속에 그린 대로 난간을 딛고 가판대 지붕에서 지하철역 입구 덮개로 올라가기 위해 두 손을 뻗쳐 잡고 한 발을 덮개에 걸쳤다. 몸통을 들어올리기만 하면 됐다. 올라가려고 힘을 썼다. 그런데 몇 차례 힘을 쓰는데도 몸이 올라가지 않았다. 내가 '야사'(주동자)라는 것을 알고 있는 민청련 회원들은 나의 그런 모습을 보고 안타까워했다. 누가 살짝 엉덩이만 밀어줘도 올라챌 수 있었다.

사복경찰 서너 명이 내 발과 몸을 당겼다. 나는 거리에 내동댕이쳐졌다. 내 양복 왼쪽 주머니에는 태극기가, 오른쪽에는 유인물이 들어 있었다. 나는 그 와중에도 경찰들을 뿌리치며 유인물과 태극기를 꺼냈다. 그리고 구호를 외쳤다. "광주학살 전두환 처단하라!" 그러자 경찰들은 나의 입을 막고 완전히 눌러 제압했다. 나는 순간적으로 정신을 잃었다. 정신을 차려보니 민청련 회원들과 민가협 어머니들, 그리고 시민들이 내 주위를 둘러싸고 "때리지 마라." "왜 잡아가느냐."며 항의했다. 어떤 외신 취재 카메라가 연신 넘어져 있는 나를 찍었다.

이날 종로에서 내 모습은 화제가 됐다. 지하철 입구 덮개에 팔과 다리 한쪽씩을 올려놓고 대롱대롱 매달려 어떻게든 올라가보려고 안간힘을 쓰는 내 모습은 민청련에서도, 그리고 집안에서도 화제가 됐다. 시위가 있다는 것을 미리 알고 조직적으로 동원된 민청련 사람들은 그것도 올라가지 못하는 나를 원망하면서도, 한편으로는 '누가 엉덩이라도 밀어서 올려주지 않고 무엇 하나' 하는 마음으로 안타까워했다. 거기에 김근태 선배의 부인인 인재근 여사를 비롯해 민가협 가족들도 많이 나와 있었는데 그 가족들이 더 안타까워했다. 또 이 일로 감옥에 있을 때 장차 장모님이 될 분은 "그 친구가 그렇게 힘이 없어 어떻게 장가오려고 하나."라고 우스개 말씀을 했다고 한다.

나는 힘이 약했다. 그리고 연습도 하지 않았다. 치밀하게 준비하지 않고 충분히 올라갈 수 있다고 자신한 것이다. 내 실수였다. 짧은 시간이었지만 나에게는 엄청난 긴 시간으로 느껴졌다.

나는 '닭장차'에 실려 종로경찰서로 연행됐다. 종로경찰서는 잡혀 온 학생들로 사무실 바닥까지 꽉 찼다. 나는 이번이 처음이 아니었고, 학생도 아니었다. 나는 다른 공범 학생들과 이미 정한 알리바이대로 민청련 회원이고 주동자라고 자백했다. 경찰은 순수한 자백이 반가웠던 모양이었다. 나는 감옥을 각오하고 있었고, 앞으로 진행될 일들을 잘 알고 있었다. 조서가 꾸며지고 유치장에 수감됐다. 그리고 5년 만에 다시 서대문 서울구치소에 수감됐다. 아는 교도관 얼굴도 보였다.

강릉교도소

나는 재판에서 10개월의 징역형을 선고받고 강릉교도소로 이 감됐다. 강릉교도소는 대관령을 넘어 강릉 시내로 들어서기 전 산 중 턱에 있었다. 동해안 바닷바람을 느낄 수 있는 곳이었다. 처음 징역에 서 1년 6개월을 살았는데, 10개월쯤이야 금방 가겠지 하는 생각이 들 었다. 그러나 생각과 달리 두 번째 징역살이가 무척 힘들었다. 몸도 마 음도 힘들었다. 그때 지금의 아내가 약혼자 신청을 하고 서대문 서울 구치소부터 면회를 왔다. 장차 장모님이 될 아내의 어머니는 감옥에 있는 미래의 사위를 위해 선뜻 약혼자 확인란에 도장을 찍어주었다.

강릉교도소에는 민청련 의장인 김근태 선배가 격리된 방에서 감옥 생활을 하고 있었다. 나는 반가운 마음에 청소하는 기결수에게 부탁해 내가 왔다는 소식을 전했다. 그리고 1985년 5월에 있었던 미국문화원 농성점거사건 주동자 등 몇 명의 학생들이 수감돼 있었다. 미문화원 농성사건은 1985년 5월 3일부터 3박 4일간 미국문화원(당시 을지로 롯데호텔 맞은편 소재)에 73명의 서울에 있는 5개 대학 학생들이 기습점거 농성한 사건이었다. 학생들은 80년 5월의 광주항쟁 때 미국이 한국 공수부대 등의 투입을 동의했는지, 미국이 전두환 군사독재정권의 출범을 지지하는 이유는 무엇인지 등을 따지고 미국대사의 면담을 요청했다.

당시 민청련도 학생들의 이 투쟁 소식을 사전에 입수하고 학생들의 미문화원 점거 시간에 맞추어 시내 곳곳에서 무인 포스트 방식으로 플래카드와 유인물을 살포하는 동조 투쟁을 벌인 바 있었다. 나도 2~3명의 민청련 회원들과 서대문 어떤 건물에 올라가 준비해간 플래카드를 말아놓은 끈에 담뱃불을 붙여놓고 내려와 건너편에서 유인물이 거

미문화원을 기습 점거해 농성하던 한 학생이 광주학살의 해명을 요구하는 플래카드를 내리고 구호를 외치고 있다. ⓒ 경향신문

리로 쏟아지고 플래카드가 펼쳐지는 멋진 광경을 지켜봤다. 얼마 되지 않아 경찰들이 몰려오는 것을 보고 우리는 그 자리를 떴다.

학생들은 지겨운 감옥 생활 중 이미 감옥 경험도 있고 선배인 내가 오자 모두 나를 반겼다. 1986년 10월 건국대 사건 소식을 듣고 우리는 옥중투쟁을 결의하고 '옥중투쟁위원회'를 만들었다. 건국대 사건이란 서울 건국대에서 '전국반외세반독재애국학생투쟁연합(애학투)' 발족식에 경찰력이 투입돼 4일 동안 학생과 대치해 1,290명의 학생이 구속된 사건이었다. 사법사상 단일 사건으로는 세계 최고의 기록이었다.

내가 자연스럽게 위원장을 맡았다. 김근태 선배와 연락해 정해진 날 새벽에 김근태 선배가 먼저 감옥문을 발로 차면 그것을 신호로 일제히 함께 감옥문을 차고 소리를 지르기로 했다. 전두환 정권을 규탄하는 성명서도 만들었다. 동이 트기 전 조용한 교도소 안이 쿵 쿵 하고 문을 차는 소리가 들렸다. 김근태 선배가 행동에 들어간 것이다. 우리는 일제히 호응했다. 문을 차고 소리를 지르고 운동가요를 합창했다. 산속 조용한 교도소는 갑자기 아수라장이 되었다. 일반 재소자들도 신이 났는지 따라서 했다. 나는 혼자서 방안에서 밖을 향해 큰 소리로 준비한 성명서를 낭독했다.

'옥중투쟁위원장'인 내 방에 경비교도대가 완전무장을 하고 방패를 앞세우고 돌진해 들어왔다. 내 방은 1평 정도의 조그만 방이었다. 경비교도대 2명이 방패를 앞세우고 서자 입구가 꽉 찼다. 나는 책과 바둑알을 던지면서 저항했다. 그러나 쉽게 제압당했다. 그들은 사지를 붙들고 징벌방으로 끌고 갔다. 담당주임이 "경환아, 그만하자. 너도 빨리 나가야지." 하면서 달랬다. 크리스마스나 연말 특사가 있으니 이른바 '행형 성적'을 잘 관리하란 말이었다.

그러나 나는 이미 재범의 '빵재비'였다. '개전의 정'이 없는 전과가 있는 죄수였다. 만기를 채울 수밖에 없다는 것을 나는 알고 있었다. 그들은 우리 사건을 확대하기가 싫었던지 나를 다시 방으로 집어넣고 문을 닫았다. 그러자 우리는 옥중단식에 들어갔다. 총 7일간을 하기로 약속했다. 모두가 7일 동안 단식을 했다. 면회를 온 가족들은 한편으로는 밥을 먹으라고 권하고 한편으로는 면회실 밖에서 싸웠다.

나는 정말 밥을 먹고 싶었다. 2, 3일 밥을 굶자 내가 먹어본 모든 음식이 머리에 떠올랐다. 라면과 짜장면이 가장 먹고 싶었다. 허기에 지쳐서 잠도 안 오고 먹을 것만 생각났다. 3일이 지나자 조금 견딜 만했지만 너무도 힘들었다. 후배들의 '강경노선'에 떠밀려 옥중단식을 시작하긴 했지만 힘들었다. 그러나 힘든 내색을 할 수 없었다. 나는 옥중투쟁위원장이었고, 후배들이 나를 지켜보고 있었다.

그때 나를 징벌방으로 끌고 가다 다시 내 방으로 들여보낸 C주임과는 특별한 인연이 있다. 교도관 7급 간부시험을 합격해 무궁화 둘을 단 C주임은 초임 간부답게 무척 긴장했다. 그에 비해 나는 그보다 감옥생활이 오래됐고, 학생들은 그가 기대한 만큼 양순하지 않았다. 그는 죄수들이 감옥에서 문을 차고 난동을 부리는 것을 보고 무척 놀랐다. 그로서는 감히 상상도 하지 못하는 일이었다. 그 일이 있은 후에는 자주 내 방을 찾아와 이야기도 하고 친근하게 지냈다. 알고보니 그는 나와 동향이었다.

그런데 그로부터 한참 세월이 흐른 뒤인 2000년에 나는 C주임을 영국 공무원 대학 연수중에 만나게 됐다. 나는 그때 청와대에서 국장급

(3급) 행정관으로 근무하고 있었다. 당시 정부에서 20개 부처에서 한 명씩 선발해 영국 공무원 대학에 3주간 일정의 연수를 보냈는데, 청와대에서는 내가 선발됐다. 같이 연수를 간 20명의 일행 중 법무부에서 오신 분이 낯이 익었다. 공무원 대학은 런던에서 기차로 1시간 정도 걸리는 서닝데일이라는 곳에 있었다.

나는 법무부에서 온 그분과 캠퍼스를 산책하다 15년 전 강릉교도소 C주임이 생각나 "혹시 강릉교도소에 근무하지 않았느냐?"고 물었다. 그랬더니 "어떻게 아느냐?"고 되물었다. 바로 그분이 C주임이었다. 그분은 승진을 해 그 당시에는 법무부 본부에 사무관(5급)으로 근무 중이었다. 법무부 안에 교정국이라는 곳이 있어 전국의 교도소를 관장한다. C주임도 깜짝 놀라고 나도 놀랐다. 사람의 인연이란 묘한 것이다. 그 뒤 우리는 서로 연락하며 지냈다. 나는 같이 간 동료 연수생들에게는 그런 과거의 인연을 내색하지 않았다.

결혼

     1987년 3월 22일 강릉교도소에서 만기 출소했다. 동생들과 약혼녀로 신청해 면회를 다니던 지금의 내 아내, 그리고 고등학교와 대학 동료 몇이 와 있었다. 나는 또 한 번 흰 두부를 먹었다. 그리고 경포대 바닷가로 자리를 옮겨 떠오르는 태양을 바라봤다. 나는 그때 바닷가를 걸으며 그 '약혼녀'에게 결혼하자고 말했다. 그리고 손목을 꼭 잡았다.

    고향인 광주로 내려오자 아버지는 병색이 완연했다. 아버지는 강릉교도소에서 면회를 마치고 돌아오다가 뇌출혈을 일으켰다. 평소 고혈압이 있었는데 내 모습을 보고 화가 치밀어 막걸리를 몇 잔 드셨는데 그게 탈이 났다고 했다. 어머니는 병든 아버지를 수발하고 살림을 하느라 생활에 찌들려 있었다. 나는 처음으로 '내가 이렇게 불효를 했구나' 하고 생각했다. 아버지는 나와 약혼녀를 방 안으로 불러들여 앉히

더니 "이제 결혼해라." 하고 한마디 하셨다. 나와 약혼녀는 "예, 알겠습니다." 하고 대답했다.

우리 결혼은 그야말로 '번갯불에 콩 구어 먹듯' 진행됐다. 출감 소식을 들은 민청련의 이을호 선배가 광주에 있는 나에게 전화를 걸어왔다. 서울로 올라와 자기가 있는 출판사에서 함께 일하자는 것이다. 나 같은 사람에게도 일자리가 있구나 하고 바로 서울로 올라와 출근을 시작했다. '도서출판 중원문화'라는 곳이었다. 철학 계통의 책을 많이 내는 곳이었다.

결혼식은 성균관대 명륜당 큰 마루가 있는 대청에서 전통혼례로 치렀다. 그날이 6월 22일이었다. 6월민주항쟁의 전환점이 된 6·10국민대회가 끝나고 노태우의 6·29선언을 며칠 남겨두지 않은 날이었다. 서울 시내에서는 연일 시위가 벌어졌다. 나는 그 와중에 결혼을 했다. 명동에 있는 양복점으로 예복을 찾으러 가는데 경찰이 막았다. 명동성당에서 시위대가 농성 중이라 들어가지 못한다고 했다. 나는 내일모레면 장가가는 신랑인데 옷을 찾으러 가야 한다며 양복점 영수증을 보여주고서야 지나갈 수 있었다.

나는 막상 결혼식 날짜와 장소까지 잡아놓고도 돌아가는 시국상황을 보며 결혼식을 못할 수도 있겠구나 하는 생각이 들었다. 계엄령이 내려질 수도 있다는 소문이 널리 퍼져 있었기 때문이었다. 1980년 5·17 계엄령이 떨어지자 학교 정문 앞에 탱크가 상주해 떡 버티고 서 있었던 일이 생각났다. 결혼식장인 명륜당은 학교 안에 있었고, 데모꾼들이 모일 게 분명한 결혼식을 계엄군이 허용하겠는가!

그러나 다행히 결혼식은 할 수 있었다. 결혼식이 열린 명륜당은 가

1987년 6월 성균관 명륜당에서 결혼식에서 친구들과 함께

깊고 먼 친척들, 고향 친구, 대학 친구, 민청련과 전민학련 동지와 가족들이 와서 축하해주었다. 그런데 문제가 생겼다. 식이 끝나고 밥 먹을 때가 되자 시내에서 혹은 캠퍼스에서 데모를 하던 후배 학생들이 학교 안에서 선배의 결혼식이 있다는 소식을 듣고 우르르 몰려왔다. 식당은 학생들의 옷에서 풍기는 최루탄 냄새로 가득했다. 처가 식구들은 눈이 매워 제대로 밥을 먹지 못했다며 나를 책망했다. 그날 국수 값이 꽤 나갔다.

신혼방은 서울 변두리인 거여동이라는 곳에 얻었다. 그곳은 서울이지만 성남에 가까운 곳이었다. 내가 출근하는 출판사는 서울 신촌에 있었지만, 아내는 경기도 성남에서 노동운동을 하고 있었기 때문이었

남서울 민청련 창립식에서 문익환 목사님이 축사를 해주었다. ⓒ 박용수

다. 부모님이 방을 얻으라고 350만 원을 주었다. 전세금 500만 원 하는 방을 얻는 바람에 부족분 150만 원에 대한 이자로 매달 3만 원씩을 주어야 했다.

결혼 후 나는 한편으로 출판사에서 책을 만드는 일을 하고, 한편으로는 다시 민청련에 복귀해 일을 시작했다. 민청련도 많이 변해 있었다. 과거 엄혹한 시절에 반공개 투쟁, 선도투쟁을 하던 조직에서 보다 대중들과 가까이 하는 조직으로 변해야 한다는 목소리가 높아졌다.

나는 지역운동에 관심이 많았다. 나는 민청련 옛 동지들을 규합해 남서울 민청련을 만드는 일에 참여했다. 남서울 민청련을 창립하는 날에는 문익환 목사님이 오셔서 축하해주었다. 그리고 이어서 수원으로 들어가 지역활동가들과 민청련 회원들, 그리고 학생운동 후배들을 모아서 수원 민청련을 창립했다.

성남 민청련

그 뒤 경기도 성남으로 내려갔다. 아내는 성남에서 노동운동을 하고 있었다. 나도 아내와 함께 성남에서 활동하기로 했다. 1988년에는 아예 집도 성남으로 옮겼다. 지역의 민주화운동 지도자들과 협의하고, 선후배들을 모아 성남 민청련을 조직하기 시작했다. 성남 지역의 활동가들은 텃세가 셌다. 나는 단단히 신고식을 치르고 성남에 입성할 수 있었다.

1988년 8월 3일 성남 주민교회에서 성남 민청련 창립식이 성황리에 열렸다. 그날은 특별히 감옥에서 출소한 지 얼마 안 된 민청련 초대 의장 김근태 선배가 참석해 '민족민주운동의 진로'에 대해 강연했다. 성남 일대의 운동권 사람들과 시민들이 모여 창립을 축하해주었고, 김근태 의장의 강연을 들었다.

나는 얼마간 성남 민청련의 간부로 활동하다가, 결국 조직을 책임

성남 민주화운동청년연합 여름 야유회에서.

지는 위원장을 맡았다. 그래서 다니던 출판사도 그만두고자 사표를 냈다. 직장과 지역 위원장 일을 병행하기가 어려웠기 때문이었다. 중원문화의 황세연 사장은 휴직 처리를 해주며 언제든지 직장이 필요하면 오라고 했다. 마음씀씀이가 참 고마웠다.

성남에서 우리는 여러 가지 활동을 했다. 조직을 결성한 후에는 용인과 성남 지역의 대학생들, 경희대, 외대, 경원대 학생운동 출신 활동가들이 성남 민청련에 속속 참여했다. 창립식에서 회원에 가입한 김기설 동지는 헌신적으로 조직 활동에 참여했다. 김기설은 훗날 전민련 사회부장으로 활동하다가 1991년 노태우 정부의 공안탄압에 항의하며 서강대에서 투신해 생을 마감한 친구이다.

성남 민청련 활동에서 인상 깊은 일 가운데 하나는 연극 〈노동의 새벽〉을 공연한 일이었다. 박노해 시인의 시를 연극으로 만든 〈노동의 새벽〉은 노동자의 애환과 그 속에서 권리를 깨닫고 찾아가는 과정을 잘 묘사한 연극이었다. 우리는 노동조합의 협조를 얻어 큰 공장의 강당을 얻어 공연하기도 하고, 경원대학 강당을 빌려 학생들과 지역 노동자들을 위해 공연했다.

아내는 나보다 훨씬 먼저 성남에 내려와 노동현장에 들어가 노동조합 활동을 했다. 그리고 영원무역이라는 곳에서 해고돼 동료들과 성남민주노동자투쟁연합(약칭 '성투련'이라 불렀다)이라는 단체를 만들어 노동자들의 소그룹 운동과 노동조합 운동을 지원하는 일을 했다. 성남민청련은 성남시청 앞에 있는 6층 건물에서 '성투련'과 사무실을 같이 썼다. 나와 아내는 매일 같은 사무실로 출근해 일했다.

첫아이

1989년 3월 사내아이가 태어났다. 첫아이였다. '백일'을 며칠 앞둔 어느 날 사무실에 있는데 아이가 울고 토한다며 집에서 급한 연락이 왔다. 동네 병원에서는 장염 같으니 큰 병원을 가보라고 했다. 그래서 시내 큰 병원으로 가서 진찰을 받았다. 장이 꼬이고 비틀리는 '장중첩증'이라고 했다. 그러면서 수술을 해야 한다며 빨리 접수를 하라고 했다.

나는 의사에게 "100일도 안 되는 애를 어디를 수술한단 말이냐. 다른 방법이 없느냐?"고 물었다. 그러나 의사는 "며칠 전에도 같은 병으로 사내애가 죽어나갔다."며 수술을 재촉했다. 참 매몰찬 의사였다.

그런데 수술비가 10여 만 원 정도가 됐다. 당장 호주머니 속을 뒤져 보니 돈이 많이 부족했다. 가까이 있는 성남 민청련 사무실에 전화를 거니 회원 몇 명이 있었다. 내가 사정을 설명하자 회원들이 돈을 모아

급히 병원으로 달려왔다. 수술은 성공적으로 끝났다. 아이는 다시 인큐베이터 안에서 숨을 쉬며 색색거렸다.

나는 이 일로 활동에 자신감을 잃었다. 아무리 '운동'을 한다고 하지만 자식이 아파서 수술을 하는데 수술비가 없어 쩔쩔매는 내 모습에 자괴감이 들었다. 만일 주위에서 돕지 않았으면 아이는 어떻게 되었겠는가? 그래서 나는 서울 민청련 본부 지도부와 성남 민청련 회원들에게 말했다.

"생활비를 벌어야겠다. 더 이상 민청련 일을 상근으로 맡기 힘들다."

그전에 우리 부부는 어떻게든 아이 우유 값이라도 벌어보려고 성남신구전문대학 앞에 차와 커피, 음료와 맥주를 파는 카페를 열어 운영해보기도 했다. 그러나 그곳은 밤마다 성남 운동권 사람들의 사랑방이되었다. 장사하고는 거리가 멀었다. 경찰서에서는 무허가 영업이라며약식재판에 나오라고 소환장이 날아왔다. 그래서 그것도 때려치운 참이었다.

나는 민청련을 함께했던 동지들에게 미안했다. 생활 때문에 전업적으로 하던 운동을 그만두어야 한다는 것이 퍽 미안했다. 나는 직장을다니면서도 민청련 부설기관인 민족민주운동 연구소의 분과원이 되어 회의와 토론에 참여했다.

다시 서울에 있는 중원문화 출판사로 들어가 직장을 다녔다. 그리고집도 서울로 이사했다. 1990년의 일이다. 그렇게 나와 아내의 지역 활동은 매듭을 지었다. 물론 그 후로도 다양한 방식으로 운동에 계속 참여했다.

연변에서 온 편지

우리 가족은 이산가족이다. 우리 집안은 북한이 아닌 연변에 가족이 살고 있다. 할아버지 직계로 말하면 이곳(한국)보다 연변에 더 가족이 많다. 할아버지, 할머니 산소도 그곳에 있다. 할아버지는 모두 6남매(아들 4, 딸 2)를 두었는데 첫째 아들(내 아버지)과 둘째 아들만 한국에 살고 있고, 나머지는 모두 연변 일대에 살고 있다.

할아버지는 일제 말에 고향을 떠나 만주로 건너가 살았다. 1945년 일제의 패망으로 한국이 해방되자 고향으로 내려오던 중, 사정이 생겨 큰아들과 둘째 아들을 먼저 고향에 보내면서 당부했다.

"먼저 내려가 고향 친척들과 상의해 우리가 가면 살 수 있도록 준비해라."

그렇게 해서 첫째, 둘째 아들은 먼저 내려와 고향에서 가족들이 내려오길 준비하고 있었는데, 급기야 38선이 그어지면서 내려오지 못하게 된 것이다. 그렇게 해서 우리 가족은 이산가족이 됐다.

가족들 사이에 생사가 확인된 것은 내가 첫 번째 감옥생활을 마치고 나온 이듬해인 1983년이었다. 당시 KBS 라디오 사회교육방송 채널에서는 연변과 한국의 가족들이 헤어진 가족을 찾는 이산가족찾기 편지를 읽어주었다. 연변의 숙부님이 보낸 편지를 장성 고향 마을의 어떤 분이 밭을 매다가 우연히 듣고 우리 집안에 연락해주었다. 라디오에 흘러나오는 사연을 들으니 꼭 우리 집 사연 같더라는 것이다. 서울에 있던 나는 서울 인근에 사시는 숙부님을 모시고 KBS 방송국으로 갔다. 그리고 연변 숙부님(할아버지의 셋째 아들)이 보낸 편지를 건네받았다. 연변 가족의 생사를 처음으로 확인한 것이다.

편지는 1983년 2월 연변에서 KBS 방송국으로 보내졌다. 이 편지를 통해 우리 가족은 헤어진 지 40여 년 만에 가족들의 생사를 확인하게 됐다. 봉투 겉면에는 '조선 남반부 서울(한성) KBS 방송국 이산가족찾기 담당자 앞'이라고 쓰여 있었다.

KBS 이산가족 찾기 담당자 앞

근세 안녕들 하십니까. 이곳에는 음력설을 지내는 풍속을 어기지 않고 옛날 풍속들을 되살리며 친척들이 단란히 모여 설맞이를 즐겁게 보냅니다. 한편 이럴 때마다 고인들을 추모하고 특히는 이산된 가족들을 가슴 아프게 사모하게 됩니다.

우리 가족은 1943년에 고국 전라남도 장성군에서 살다가 중국 흑룡강성으로 옮겨 살았습니다. 8·15 해방 때 그해 겨울(1945년 12월경)에 피난민 행렬에 합류하여 고국을 향해 떠나던 길에 길림성 교하현에 와서 가정 형편이 곤란하여 온 가족이 함께 떠나지 못하고 맏형 최백준, 둘째 형 최상준을 조부님 최일봉이 살고 계시는 고향 장성에 먼저 보내 해동(解凍)하면 도착될 우리를 맞이하라고 떠나보냈습니다. 그 뒤 이곳에 남은 父 최기동, 母 김양님, 삼남인 최서준, 사남인 최광준, 장녀인 최정신, 그리고 형님과 갈라진 후에 출생한 차녀 최숭령 등은 그 후 사정으로 하여 고국으로 나가지 못하고 오늘까지 서로 소식 없이 40년간이란 긴 세월을 지내왔습니다.

귀 방송국의 이산가족찾기 소문을 들으면서 행여나 하고 저의 두 형 최백준, 최상준, 그리고 저의 많은 친척들을 찾아주시기를 부탁드립니다. 해방 당시 저의 나의 겨우 14세이고 고향 떠날 때 12세 때였고 그동안 저의 부모님들까지 세상 떴기에 문의할 곳조차 없어 확실하지는 않으나 저의 기억을 더듬어 제 친척들의 가능한 행방을 적으니 참고하시길 바랍니다(중략) 여러분께서 저와 저의 동생들이 40년간 혈육들의 소식을 몰라 안타까이 나날을 보내는 심정을 이해해주시기 바랍니다. 좋은 소식 기다리겠습니다. 안녕히 계십시오.

중국 길림성 안도현 명월진 명안가 28조 1호-1

최서준 올림

1983년 2월 15일

방송국에서 이 편지를 읽은 숙부님은 부모님이 돌아가셨다는 소식에 눈가에 눈물이 맺혔다. "해동되면(얼음이 녹으면) 만나자"는 것이 40년이 흘러버리고, 그 세월은 부모 자식을 이제 영원히 만날 수 없는 이승과 저승으로 갈라놓았다. 숙부님은 연변 가족에게 보낼 내용을 떨리는 목소리로 녹음했다. 이렇게 해서 우리 가족들은 근 40년 만에 서로의 생사를 확인하고 서신을 교환할 수 있게 되었다.

초등학교 다닐 때 나는 한 가지 의문이 있었다.

'왜 나한테는 할아버지, 할머니가 없지? 제사도 안 지내고?'

집안에서 할아버지와 할머니 이야기를 하는 것은 금기처럼 돼 있었다. 북한에 가족이 있는 집안은 북한 가족 이야기를 하는 것은 금기였다. 마찬가지로 우리 할아버지 할머니는 '중공'이라는 공산국가에 살고 있었다. 아버지께서 간혹 술을 드시거나 하면 베개에 머리를 묻고 '어머니! 어머니!' 하고 통곡하셨다. 그때마다 나는 할머니는 도대체 어디 계시는데 아버지가 저리 서럽게 울며 찾으시게 하는가 하는 생각을 가졌다. 그 의문은 내가 커가면서 우리 가족이 이산가족이라는 것을 알고 모두 풀렸다. 장남인 아버지는 동생 형제들을 모두 찾아 기뻤지만 그렇게 목 놓아 부르던 어머니는 이미 돌아가셨다는 것을 확인해야 했다.

그 뒤 1990년에는 연변 가족 중 숙부 한 분과 고모 한 분이 서울을 방문해 극적인 이산가족 상봉이 이루어졌다. 가족들은 당시 뇌출혈로 불편하신 아버지를 모시고 피켓과 꽃다발을 들고 김포공항으로 나가 40년 만의 형제들의 상봉을 축하해주었다. 당시 모든 일가친척들이 찾아와 연변에서 온 가족들을 환영해주었다. 아버지는 몇날 며칠을 동생들과 함께 자며 40년간 못다 한 이야기를 나누었다. 그리고 일가친척과 사정을 아는 주위 분들은 연변 가족들이 가져온 적지 않은 '중국약'들을 사주었다. 우황청심환, 웅담가루 등 약들이 다양했다. 그렇게 해서 적지 않은 돈들을 모아 연변으로 돌아갔다.

무산된 성묘

1991년 여름 중국 여행을 다녀왔다. 대학 선배인 여강출판사의 이순동 사장과 재야사학자인 이이화 선생(당시 역사문제연구소 소장을 맡고 계셨다) 등 일행은 모두 5명이었다. 우리 일행은 심양을 거쳐 연길과 도문을 들러, 북경과 상해를 거쳐 돌아왔다. 당시만 해도 중국은 소련, 동유럽 국가들과 함께 적성 국가였다. 우리는 서울을 떠나기 전에 안전기획부에서 2시간 동안 교육을 받았다. 북한 사람을 만나면 이렇게 저렇게 하라는 등의 교육이었다.

이순동 사장은 당시 북한의 출판물에 큰 관심을 가지고 있었다. 특히 이 사장은 『조선왕조실록』(북한은 『리조실록』이라고 불렀다), 『동의보감』, 『의방유취』 등 동의학 서적(북한은 한의학을 '동의학'이라고 부른다)에 관심이 많았다. 북한은 이미 400권 분량으로 『조선왕조실록』의 번역을 완료해 출판했다고 했다. 나 역시 중원문화라는 출판사에서 편집장으로 일하고 있었던 때였다. 출판에 필요한 자료를 수집해보자는 생각이 있었다. 그러나 나는 더 중요한 일을 수행해야 했다. 할아버지, 할머니 산소를 찾아 성묘하는 일이었다.

중국을 방문하는 참에 나는 가족을 대신해 돌아가신 할아버지와 할머니 산소를 찾아 성묘하기로 했다. 우리 일행은 1991년 여름 심양에서 40인승 정도 되는 아주 낮게 나는 쌍발 프로펠러 비행기를 타고 연길 공항에 도착했다. 연변 가족들은 나와 내 일행들을 환영하기 위해 들판에서 들꽃을 꺾어 꽃다발을 만들어 기다리고 있었다. 공항에 와 기다린 시간이 꽤 됐던 모양인지 꽃다발은 시들어 있었다. 연변의 연길, 왕청, 도문에 사시는 두 분의 숙부와 두 분의 고모 가족들이 모두 나왔는데 어른 아이 모두 20여 명이 넘었다. 아예 버스를 한 대 빌려

1991년 중국 연길 방문. 이날 연변에 사는 20여 명의 가족들이 모두 연길공항에 나왔다.

공항으로 나왔다. 나는 그날 10여 명의 사촌동생이 한꺼번에 생겼다.

숙부는 내가 할아버지 할머니 산소를 찾아 성묘하겠다는 뜻을 전하자 "알겠다."고 했다. 그러면서 "장백산(백두산) 가는 길에 있으니 그때 성묘하자."고 했다. 우리 일행들은 연변대학 도서관을 방문해 북한 서적들의 현황을 살펴보고 '조중(朝中, 조선과 중국)' 접경 지역인 도문의 두만강을 둘러봤다. 그리고 나는 별도로 연길, 왕청, 도문에 계시는 숙부와 고모 집에 초청을 받아 가족들과 즐겁고 바쁜 시간을 보냈다. 네 분의 숙부, 고모가 낳은 자제들이 모두 9명이나 됐다. 사촌지간이고, 내 남동생, 여동생들이었다. 그리고 결혼한 동생도 있었고, 약혼녀를 나에게 소개한 동생도 있었다. 나는 가족 가계도를 그려가며 이름을 외워야 했다.

연변에서 가장 중요한 일정은 장백산(백두산) 천지를 보는 것이었다. 그것은 내 개인적으로도 가장 중요한 일이었다. 장백산 가는 길목에 있다는 할아버지 할머니 산소를 찾아 성묘를 해야 했기 때문이다. 그런데 얼마간 장백산을 향해 가는데 길 안내를 맡은 막내 숙부가 나에게 조용히 와서 말했다. 막내 숙부는 연변대학 정치학과를 나와 '진수학교'라는 곳에서 당 위원장 일을 하고 있었다. 진수학교는 사범대학을 졸업한 학생들을 교사로 내보내기 전에 사상교육도 하고 연수도 하고 당원도 선발하는 곳이라고 했다. 연변에서는 막내 숙부를 보고 '당 서기질한다'고 했다.

"경환이 조카, 여기서도 산소까지는 한참 가야 한다. 조카가 아쉽겠지만 일행들의 일정도 있고 하니 이번에는 산소에 다녀오기는 힘들 것 같다."

1991년 중국 연길 방문 때 장백산(백두산) 가는 길에 계시는 할아버지 할머니 산소를 향해 술을 따르고 절을 했다.

나는 순간 여러 가지 생각이 들었다.

'아마도 산소가 없거나, 있어도 오랫동안 관리를 못해 찾지 못하는 모양이구나.'

내가 여기서 꼭 가야겠다고 이야기하는 것은 숙부를 곤란하게 하는 일이라고 생각했다. 나는 더 이상 묻지 않았다. 말 그대로 그렇게 먼 길이라면 함께 간 일행에게도 폐가 되는 일이었다. 그래서 나는 그러면 할아버지 할머니 산소를 향해 절을 하겠다고 했다. 나는 큰길 한 쪽 풀밭에서 숙부께서 알려주는 방향을 향해 술을 따르고 절을 했다.

지금도 연변에는 숙부 한 분과 고모 두 분의 가족이 살고 있다. 숙부 한 분은 몇 해 전 돌아가셨다. 사촌동생과 다른 가족들은 연변을 떠나 중국 여러 곳에서 살고 있다. 대련에서 사업을 하는 사촌동생도 있다.

9명의 사촌동생 중 4명은 돈을 벌기 위해 서울에 와서 일하고 있다. 여동생들의 남편이 한국에 와 있는 경우도 있다. 대학을 졸업하고 은행원으로 근무하다 그만두고 온 동생도 있다. 서울에서는 공사 현장이나 음식점 등에서 일한다. 어떤 동생은 치킨 집을 운영하기도 했다. 이른바 조선족 동포 이주노동자로 연변의 가족들과 떨어져 일하고 있다. 국적을 한국으로 옮겨 귀화한 동생도 있다. 같은 할아버지의 자손들인데도 이렇게 운명이 달라졌다.

그래도 한국에 연고가 있는 연변 동포들은 기회를 잡은 편이다. 그들은 자신들이 한족(漢族)이 아니라 조선족이고, 더욱이 '북선'(북조선, 북한) 출신이 아닌 '남선'(남조선, 한국) 출신이라는 것을 기회로 생각한다. 연변의 많은 조선족들은 한국으로 들어와 일자리를 얻거나, 중국 전역에 진출하고 있는 한국 기업들에서 일자리를 얻어 돈을 벌 수 있기 때문이다.

중국이 개혁개방으로 나오기 전까지는 자본주의 국가인 '남선' 출신들은 죄지은 사람처럼 기를 펴지 못하고 살았단다. 할아버지도 그런 눈초리를 받으며 살았다고 한다. 그런데 할아버지는 이를 정면으로 부딪쳤다. 남들이 모두 볼 수 있도록 마루에 '남선'(한국) 고향으로 먼저 내려보낸 첫째 아들과 둘째 아들 사진을 걸어놓고 오는 사람마다 내 아들들이라고 이야기했다고 한다. '남선' 출신이라는 것을 숨기지 않고 솔직하게 밝힘으로써 오히려 의심의 눈초리를 피했다고 한다.

반면 '북선' 출신 가족들은 떳떳하게 살았다고 한다. 북한이 중국과 사이가 좋고 가족 간의 교류 왕래도 많았기 때문이었을 것이다. 그러나 한중수교가 맺어진 1992년을 전후로 한국과 중국 사이에 교류가

잦아지면서 전세는 역전됐다. '남선' 출신 동포들은 약도 팔고, 친척들 도움도 받고, 한국에서 일자리도 얻을 수 있어 일약 큰 기회를 잡았다. 그러나 '북선' 출신 가족들은 한국으로 들어가 일자리를 얻을 기회도 적고, 오히려 북한에 있는 친척들에게 먹을 것이나 입을 것을 갖다주어야 하는 형편이었다고 한다.

연변 동생들은 서울에서 고생은 하지만 가족애가 깊고 착하고 성실하다. 나는 "이제 그만큼 돈 벌었으면 연길로 돌아가 가족들과 함께 지내라."고 말한다. 그러나 동생들은 연길로 돌아가면 할 일도 없고 당분간 한국에서 돈을 더 벌어야 한단다. 그런 동생들에게 나는 도움이 별로 못된다. 설날이나 추석 때 한 번씩 만나거나 전화로 안부를 묻는 정도이다. 나는 동생들이 한국 생활에서 몸이 다치거나 마음 상하지 않고 건강하게 돈을 많이 벌었으면 좋겠다.

여강출판사

나는 중국에 다녀온 후 출판사를 옮겼다. 83년 첫 감옥을 살고 나온 이후 영업사원으로 일하던 여강출판사였다. 사무실은 명륜동 성균관대 앞에 있었다. 나는 편집부 일을 맡았다.

한국학 전문출판사로서 여강출판사는 한국 학술계와 출판 분야에서 큰 업적을 남긴 출판사다. 이순동 사장은 성대 유학과를 졸업하고 공부를 하다 출판계로 뛰어든 분으로 한국학 사료 정리에 남다른 열정을 가지고 있었다.

한국, 일본, 중국 등지에 흩어져 있는 한국사, 한문학 등 한문 원전들을 찾아 영인 출판해 도서관에 보급했다. 『한국과학기술사대계』는 한국의 천문학, 수학, 건축, 선박 등 과학기술의 역사를 정리한 책이었다. 우리에게도 자랑스러운 과학기술의 역사가 있음을 알았다. 『한국민중운동사대계』를 통해서는 동학농민전쟁을 비롯한 조선시대의 농민운동, 민중투쟁사를 정리했다. 『실학사상총서』에는 성호 이익을 포함한 조선 후기 실학자들의 저술을 정리했다. 이 일에는 재야사학자 이이화 선생이 많은 도움을 주었다. 내가 사학과 출신이라는 것도 도움이 되었다.

여강출판사 이순동 사장은 사업의 방향을 북한으로 눈을 돌렸다. 당시까지만 해도 북한의 고전 번역은 우리보다 한발 앞서갔다. 이순동 사장은 중국을 통해 북측과 『리조실록』(조선왕조실록의 북한식 표현) 한글 번역본의 출판계약을 맺는 데 성공했다. 이 책은 400권 분량의 방대한 책으로 국내에서도 번역작업이 진행되고 있었으나 완역이 이루어지지 않았다. 국내 어떤 출판사가 『리조실록』을 복제해 팔면서 출판권 분쟁이 있었는데 재판부는 남북 간의 출판권 계약도 인정된다는 판결을 내렸다. 남북 간 출판권 계약을 인정한다는 첫 사례였다.

그와 더불어 북한에서 간행된 각종 동의학(한의학의 북한식 표현) 원전 서적, 즉, 『동의보감』, 『의방유취』, 『동의수세보원』 등을 출판했다. 이 덕분으로 회사는 더욱 규모가 커졌다. 나는 기획실장에서 상무로 승진하고 영업을 맡는 일도 했다. 『동의보감』의 경우에는 당시 CD 전자책으로 만들고, PC 통신을 통해 콘텐츠를 판매하는 일도 했다. 아마도 CD 전자책은 『동의보감』이 처음일 것이다.

그러나 여강출판사는 규모가 커지면서 영업, 경영 등 여러 가지 이유로 유동성 위기를 맞았다. 나는 이순동 사장과 어떻게든지 부도는 막아보려고 노력했지만, 쉬운 일이 아니었다.

나는 출판사에 다니는 한편 성대민주동문회 사무국장 일을 맡아 일했다. 당시 회장은 성대 국문과 출신인 소설가 천승세 선생이었다. 우리는 가끔 강화도에 사는 천승세 회장의 집에 모여 술과 음식을 들며 밤을 새우며 천 회장의 문학세계에 빠져들기도 했다.

내가 청와대에서 김대중 대통령을 보좌할 때 대통령 저술의 출판에 관여하고, 퇴임 후 김대중 대통령의 자서전 편집을 진행하는 비서관으로 일할 수 있었던 것은 이러한 10여 년간의 출판 경험이 있었기 때문에 가능했다. 출판사 근무 경험은 나에게 출판 기획, 원고 정리, 교열과 교정, 조판, 디자인 등 출판에 대한 지식과 소양을 갖출 수 있게 해주었다.

두 후배의 죽음

1991년 5월, 나는 두 명의 후배가 죽어가는 것을 지켜보아야만 했다. 한 사람은 성남 민청련 때부터 알고 지낸 김기설이라는 후배였고, 다른 한 사람은 성균관대 재학생인 김귀정이라는 학생이었다.

1991년 명지대 학생인 강경대 군이 경찰의 쇠파이프에 맞아 숨진 사건이 일어났다. 그 일이 있은 후 기설이는 서강대 옥상에 올라가 몸에 불에 붙인 뒤 몸을 던졌다.

기설이는 내가 1988년 성남 민청련을 창립할 때 자진해서 성남 민청련 회원이 된 후배다. 조직의 막내로 성남 민청련 일을 도왔다. 특히 나를 잘 따랐다. 기설이는 1990년경부터 전민련(전국민족민주운동연합)에 참여해 사회부장으로 일하고 있었다. 그러다가 강경대 학생을 비롯해 많은 학생들이 분신, 투신해 죽는데도 노태우 정권이 아무런 반성의 기미도 보이지 않자 격분한 나머지 학생들의 분신 대열에 참여한 것이다. 그때 여러 명의 학생과 노동자들이 분신하거나 투신해 죽었다.

김기설은 분신하기 1주일 전쯤 우리 집에 와서 우리 큰아이와 한참 놀다가 갔다. 그리고 자취하면서 생긴 옷가지를 가지고 와 내 아내에게 세탁을 맡겼다. 끝내 그 옷가지들은 주인에게 돌아가지 못했다.

정권과 일부 언론은 학생들과 노동자들의 분신 항거를 왜곡했다. '죽음의 굿판을 걷어치워라'며 죽음들을 왜곡했다. 심지어 김기설의 유서가 전민련에서 같이 활동하고 있던 강기훈에 의해 대필된 것이라고 주장하고 강기훈을 구속해 재판에 넘겼다. 훗날 진실화해위원회에서는 모두가 조작된 것이라고 밝히고 재심을 권고했지만, 당시 정권은 순수한 죽음 앞에서마저 차마 눈뜨고 볼 수 없는 만행을 저질렀다.

나는 김기설이 죽은 날 출판사에 출근하자마자 연락을 받고 김기설의 시신이 있는 연세대 신촌 세브란스 병원으로 달려갔다. 상황을 파악한 후 몇몇 성남 민청련 후배들과 함께 유품들을 수습했다. 그때 김기설의 수첩을 복사했다. 지인들과 가족들에게 연락을 하기 위해서였다. 그런데 그 이후 유서대필사건 재판에서 검찰은 재판과정에서 유서의 필체와 똑같은 수첩 사본을 제시하자 그것마저 조작된 것이라고 주장했다. 나는 이 일로 재판정에서도 증언했고, 방송사의 취재에도 응했다.

김기설은 지금 모란공원에 잠들어 있다. 해마다 김기설이 죽은 5월 8일이 되면 전민련, 성남 민청련 사람들이 모여 작은 추모제를 하고 있다.

김기설이 죽고 난 며칠 후 또 한 명의 후배가 죽었다. 1991년 5월 성균관대 학생인 김귀정 양이 고 강경대 학생 타살 사건에 항의하던 시위에 참가하던 중 퇴계로에서 경찰의 이른바 토끼몰이식 진압에 밀려 깔려 죽은 것이다.

그때 나는 출판사에 다니면서 성균관대학교 민주동문회 사무국장의 직책을 가지고 일하고 있었던 참이었다. 우리는 후배 여학생의 죽음에 격분했다. 소설가 천승세 성균관대 민주동문회 회장과 장을병 성대 총장 등이 앞장서 학생회와 협력해 엄숙하게 장례를 치렀다.

학생들이 김귀정 학생들의 장례를 치르는데 성대 교정을 김귀정 학생의 운구가 지나가는 행로로 잡았다. 어쩌면 당연한 일이었다. 그런데 성균관에서 공자 사당이 있는 명륜당 앞으로는 시신이 지나갈 수 없다며 운구행렬의 학교 진입을 반대했다. 학생들은 비가 주룩주룩 내

김귀정 양의 장례식. 성대 학생들이 운구 행렬을 호위하며 구호를 외치고 있다. ⓒ 경향신문

리는 가운데 성균관대학 정문 앞에서 운구행렬의 진입을 막고 있는 어른들 앞에 무릎을 꿇고 울부짖었다. 끝내 시신이 담긴 관은 학생들에 의해 성균관 명륜당을 우회하여 담을 헐고 들어갔다.

나는 이런 모습을 지켜봤다. 동료 학우를 마지막으로 보내는 모습이 아름답고, 지혜롭다는 생각이 들었다.

김귀정 학생의 무덤도 모란공원 민주열사 묘역에 안장되었는데 공교롭게도 김기설의 바로 옆자리였다. 나는 처녀 김귀정과 총각 김기설이 저세상에서나마 좋은 친구가 되기를 빌었다.

나는 1992년 여름 학기에 대학 졸업장을 받았다. 13년 6개월 만의 졸업이었다. 1981년 제적당하고, 1983년 복학한 후에도 민청련 활동으로 마치지 못한 학업을 마친 것이다. 졸업식은 성균관대 안의 600년이 넘는다는 은행나무가 있는 명륜당에서 열렸다. 내가 아내와 결혼식을 올린 곳이었다. 아버지와 어머니가 손자를 안고 오셔서 나를 축하해주었다.

그해 9월, 뇌출혈로 투병 생활을 하던 아버지가 68세의 나이로 돌아가셨다. 1986년 여름 내가 강릉에서 두 번째 감옥 생활을 하고 있을 때 아버지가 그 먼 곳으로 아들 면회를 오셨다. 감옥살이 하는 아들 모습을 보고 기분이 언짢아진 아버지는 막걸리를 드셨다고 한다. 그때 아버지는 고혈압 증상이 있으셨다. 그 술을 마신 후 뇌출혈 증상이 생겼다. 몇 차례 치료도 받았지만 아버지는 수족이 자유롭지 못하셨다. 아침 운동을 나가셔서는 언덕길에서 걸음이 멈춰지지 않아 넘어져 안면과 팔다리를 크게 다쳐 들어오신 적도 있었다. 어렸을 때부터 나를 믿어주시고 감옥 살고 온 나를 격려해주던 아버지……. 아버지는 마지막 뇌수술을 받던 중 꺼져가는 의식을 어떻게든지 붙들어 놓고 싶으셨는 지 내 손목을 잡고 놓지 않으셨다. 아버지는 끝내 숨을 거두셨다. 우리 형제들은 아버지를 고향으로 모셨다.

국회의원 보조관

　　나는 1995년 초 출판사를 사직하고 다시 재야운동에 참여했
다. 김근태 전 민청련 의장 등과 함께 '통일시대민주주의국민회의'라
는 단체에 참가해 활동을 시작했다. 이미 재야의 많은 선배들은 정치
권에 들어가 있었다. 1995년 6월 지방선거를 앞두고 당시 민주당에 재
야인사들이 대거 참여했다. 나도 민주당 지방선거대책위원회의 당무
기획실 전문위원으로 참여했다.

　　지방선거가 끝나고 정치권이 재편됐다. 김대중 선생이 정계에 복귀
하고 새정치국민회의를 창당했다. 나는 새정치국민회의 창당준비위
원회에 참여해 창당대회장에 뿌려진 당보를 만드는 데 참여했다.

　　1996년 4월 총선이 있었다. 나는 이 총선에서 수원 권선구에 출마한
민청련 출신의 최민화 선배 선거 캠프에 참여해 선거일을 도왔다. 그
러나 최민화 선배는 낙선했다. 이때 재야인사들 여럿이 국회의원이 되

었는데 나는 새정치국민회의 비례대표로 당선된 방용석 전 원풍모방 노조 지부장의 보좌관으로 임명됐다. 방용석 의원은 환경노동위원회 소속이었다. 내 밑으로 환경담당, 노동담당 비서관이 함께 일했는데, 방용석 의원의 열성과 보좌진들의 성의 있는 보좌로 환경문제나 노동문제에서 탁월한 의정활동을 했다는 평가를 받았다.

3년 반 동안 국회에서 보좌관 생활을 통해 배운 것이 많았다. 방용석 의원은 우리나라 노동운동의 대부였다. 노사관계에 정통했다. 당시 민주노총이나 전교조는 법외단체로 있었다. 방용석 의원실로 전국에서 많은 노동조합 간부들이 몰려왔다. 그들은 국회를 통해 사용자측과 정부를 향해 노조측의 입장을 대변해주기를 바랐다. 우리 보좌진들은 노사분규의 원인과 진행상황, 문제점을 파악하고 방용석 의원에게 보고했다. 방용석 의원은 노동계를 대표하여 국회에 진출한 의원으로서 훌륭하게 일했다. 노동문제는 노사분규만이 아니었다. 산업안전 문제, 고용과 일자리 문제, 장애인 문제, 기업 인수합병과 고용승계 문제 등 다양한 분야가 많았다.

환경 분야도 다양했다. 우리 보좌진들은 환경파괴 현장 정보를 수집하여 정부를 향해 시정을 촉구하는 일에 열중했다. 수질과 대기 오염 문제, 개발환경평가, 환경교육 등 문제가 다양했다. 당시 우리나라는 수십 년간의 경제개발정책으로 인한 환경문제가 속출하고 있었다. 개발이냐, 환경보전이냐. 이 논쟁이 15대 국회 내내 계속됐다.

보좌관 시절 보람 있는 일이 몇 가지 있다. 방용석 의원과 함께 노동운동을 했던 원풍모방, 동일방직 등 민주노조운동에 참여한 조합원들은 주로 여성들이 많았다. 70~80년대 '여공'으로 불렸던 분들이었다.

이들은 이제는 어른이 되어 있었다. 이들과 함께 우리는 아이들과 청소년을 위한 환경생태교육활동을 전개했다. 여름에는 환경캠프를 열고 산과 들을 거닐며 자연을 공부했다. 한강이나 관악산 계곡에서 쓰레기 줍기를 하면서 환경보호캠페인도 벌였다. 겨울에는 철원평야에서 철새 모이 주기, 한강 밤섬 청소, 황소개구리 잡기 등의 행사를 벌였다. 훗날 이 모임은 환경부에 '녹색환경운동'이라는 사단법인이라는 이름의 환경단체로 등록해 활동했다. 젊은 시절 민주노조운동을 벌였던 조합원들이 어른이 되어 환경운동을 전개한 것이다. 젊어서는 민주노조운동을, 중년의 나이에는 환경운동을 전개하는 '여공'들의 모습에서 나는 '행동하는 양심'을 보았다.

1997년 15대 대통령선거를 앞두고 우리는 헌신적으로 일했다. 방용석 의원은 새정치국민회의 노동특별위원회 위원장을 맡고 있었다. 우리는 민주노총, 한국노총을 상대로 득표활동을 벌였다. 특히 마산, 창원, 부산, 대구 등 지역적으로 취약지구 노동조합 조합원들을 만나 김대중 후보가 승리해야 노동기본권 등 노동자의 권리를 찾을 수 있고, 노동자의 삶이 윤택해질 수 있다는 점을 설명했다.

선거는 승리였다. 나는 몇몇 친구들과 의원회관 사무실에서 TV로 선거 결과를 지켜보고 너무나 기뻤다. 최초의 정권교체에 세상이 놀랐고, 직접 참여한 우리들도 놀랐다.

나도 야당 보좌관에서 여당 보좌관으로 입장이 바뀌었다. '정치는 야당이 한다'는 말이 있는데 야당 때 정부를 비판하고 공격하던 때와는 다른 위치에서 새로 출범한 김대중 정부, '국민의 정부'를 보호하고 지원하는 역할을 했다.

1998년 국회에 남녀차별금지법이 상정됐다. 그 법률안에는 '성희롱' 규정이 있었다. 지금은 성희롱 문제가 일반화되어 있었지만 당시에는 일반인들에게는 생소한 것이었다. 어른 남성들은 대부분 '성희롱'이 무슨 범죄가 되느냐는 생각을 가지고 있었다. 나는 인터넷을 통해 미국의 성희롱 관련 법제를 연구하고 성희롱 관련 상담기법과 구제 방법 등을 연구했다. 방용석 의원이 국회활동을 통해 질의하도록 하는 한편 내 스스로 인터넷 홈페이지를 만들어 캠페인을 벌였다. 내가 만든 사이트 이름은 '성희롱 예방 캠페인'이라는 곳이었다. 나는 이곳을 통해 성희롱이란 무엇이며, 왜 죄가 되는지, 무엇을 조심해야 하고 피해자는 어떻게 구제를 받을 수 있는지를 홍보했다. 그리고 직접 상담을 하기도 했다. 당시 이 사이트는 제법 이름 있는 사이트로 언론에 소개되기도 했다. 내가 청와대로 옮길 무렵 여성부는 나의 공로를 인정해 '성희롱예방교육강사' 자격증을 보내주기도 했다.

나는 이 과정에서 그 당시 막 보급되기 시작한 인터넷에 푹 빠져들었다. 지금은 좋은 프로그램이 나와 있지만 당시에는 HTML 태그를 사용하여 홈페이지를 만들었다. 나는 이 프로그램을 직접 배우고, 사진을 편집하는 포토샵 프로그램도 사용하는 법을 배웠다. 초기 의원실 홈페이지도 내가 직접 만들었다. 친구들의 개인 홈페이지를 만들어주기도 했다.

또 방용석 의원을 통해 한 일 중 보람으로 느낀 것은 대통령 기록, 통치사료 문제를 본격 제기한 일이었다. 당시 방용석 의원은 원내부총무로 국회 운영위원회에도 참여하고 있었는데 청와대 비서실이 관할 기관이었다. 나는 청와대에 대통령 기록물 실태를 알려줄 것을 요청했다. 청와대는 처음에는 난색을 표하더니 노태우, 김영삼 대통령의 청와대에서 한 말을 기록한 통치사료를 가져왔다. 그 이전 대통령 시절의 기록은 없었다. 많은 자료들이 대통령의 퇴임과 함께 개인적으로 보관되는 실태도 파악했다. 나는 이 문제를 방용석 의원에게 보고하고 질의에 참고하도록 했다. 언론들은 크게 이 문제를 다뤘다. 그 후 김대중 대통령이 추진한 정부기록, 대통령 기록의 정리와 보관이 법제화되는 데 도움이 되었다고 생각한다.

29년 만의 무죄 판결

　　나는 청와대 근무 시절인 2002년 2월 민주화운동관련자명예회복및보상심의위원회(이하 '민보상위')로부터 '민주화운동 관련자로 인정한다'는 통보를 받았다. '민보상위'는 김대중 정부가 과거사 정리 차원에서 민주화운동에 참여한 사람들의 명예를 회복하고 그 피해를 보상하기 위해 세운 정부기관이었다.

　나는 1981년 학림사건과 1986년 종로 YMCA 앞 시위로 두 차례 구속과 감옥 생활을 했다. '민보상위'는 이 두 사건을 심의하고 관련 법률에 따라 "민주화운동을 이유로 유죄판결 및 학사징계를 받은 것을 인정"하고, 나를 '민주화운동 관련자'로 인정한다는 결정을 내린 것이다. 얼마 후 '민주화운동관련자증서'라는 제목의 정부 문서가 전달되었다.

"귀하는 대한민국의 민주헌정질서 확립에 기여하고 국민의 자유와 권리를 회복 신장시켰으므로 '민주화운동관련자 명예회복 및 보상 등에 관한 법률'의 규정에 의하여 이 증서를 드립니다. 2007년 7월 30일 민주화운동관련자 명예회복 및 보상심의위원회 "

나는 매우 기뻤다. 내가 80년대 전두환 군사독재와 싸운 것에 대해 정부가 공식으로 민주화운동으로 인정한 것이다. 나는 학창 시절과 사회활동을 하면서 여러 차례 상장이나 표창을 받았지만 이 인증서만큼 값진 것은 없다고 생각한다. '민보상위'는 보상 차원에서 생활지원금을 신청할 수 있다고 했다. 그러나 당시 청와대 고위공무원으로 있는 나에게는 해당이 되지 않았다. 나는 이미 충분한 보상을 받았다고 생각했다.

2010년 12월, 한 해가 저물어갈 무렵 또 즐거운 소식이 있었다. 1981년 '학림사건'에 대해 무죄가 선고된 것이다. 사건이 일어난 지 29년 만의 일이었다. 이에 앞서 2009년 6월 '진실화해를위한과거사정리위원회'는 학림사건을 '인권침해 사건'으로 규정하고 재심, 즉 다시 재판할 것을 사법부에 권고했다. 특히 불법구금과 고문, 가혹행위 등에 대해 피해자에게 사과하고 화해를 이루는 조치가 필요하다는 결론을 내린 것이다. 이에 따라 서울고등법원은 재심 재판을 시작했다.

우리 사건 관계자 25명은 모두 재판정에 피고인 신분으로 다시 출두했다. 우리는 다시 '피고인' 신분이 되었다. 이미 29년 전 법정에서 함께 앉아 재판을 받는 풍경이 다시 연출되었다. 재판장은 우리에게 모두 한마디씩 하게 했다. 우리들은 전민학련, 전민노련 활동은 전두환 군사정권에 항거한 민주화운동이었다고 주장했다. 그리고 당시 치안본부 남영동 대공분실에서 있었던 불법감금과 고문, 구타 등 기억하고 싶지 않은 일들을 다시 한 번 상기시켰다. 내 기회가 왔다. 나는 재판장에게 이렇게 말했다.

"그때 재판부가 우리 사건을 양심에 따라 바르게 재판을 했다면 5년 후인 1986년 김근태 민청련 의장에 대한 살인적인 고문은 일어나지 않았을 것이고, 6년 후인 1987년 서울대 학생 박종철 군이 고문으로 그곳에서 죽지 않았을 것이다. 재판부의 용기 있는 판결을 기대한다."

나는 남영동 대공분실의 고문과 불법감금행위를 재판부가 묵인함으로써 그 뒤 많은 사람들이 같은 장소에서 고문의 피해를 보았다는 점을 상기시킨 것이다.

며칠 후 우리는 다시 법정에 모였다. 재판부는 우리에게 무죄를 선고했다. 일부 집회시위법에 대해서는 해당 법률 조항이 폐지되었다는 이유로 면소 판결을 내렸다. 재판부는 판결문에서 이른바 '전민학련, 전민노련', '학림' 사건의 본질에 대해서 다음과 같이 말했다.

"이 사건은 12·12군사반란과 계엄령 및 5·18광주민주화운동의 무력진압을 통하여 집권한 내란주동자 전두환 등 이른바 신군부세력이 자신들의 권력기반의 안정을 기하고 국민들의 저항의지를 꺾으려고 하던 중, 국가보안법을 악용하여 민주화운동세력인 피고인들에 의한 정당한 학생운동과 노동운동을 불법강제연행, 장기간의 불법구금, 고문, 협박 등의 불법적인 수단을 사용함으로써 반국가단체로 조작하고, 피고인들을 반국가단체의 구성원으로서 반국가단체 구성원과 회합하거나 북한에 찬양, 고문, 동조하는 좌익용공세력으로 둔갑시킨 것이다.”

재판부는 판결문 끝을 다음과 같이 맺었다.

“우리 재판부는 과거 권위주의 시대에 국가가 범한 과오에 대하여, 그리고 피고인들의 작은 신음에도 귀 기울여야 할 책무를 다하지 못한 과거 재판부의 과오에 대하여 용서를 구한다.”

참으로 감격적인 순간이었다. 재판부가 과거 재판부의 잘못을 사과하고 용서를 구한 것이었다. 이러한 판결 내용은 언론에 크게 보도되었다. 언론은 재판부의 반성에 대해 이례적이라고 보도했다. 재판장은 안영진 판사였고, 오상용 판사와 신종오 판사가 배석했다. 우리는 진실을 밝혀내고 자신의 과오를 사과한 재판부에 감사를 드렸다.

그러나 검찰은 자신의 잘못을 쉽게 인정하지 않았다, 검찰은 대법원에 항고를 제기했다. 우리도 대법원에 항고를 제기했다.

제3부

청와대 시절

역사적인 정권교체. '국민의 정부'와 김대중 대통령의 성
공을 위해 밤낮으로 일했다. 새벽별 보고 집에서 나가 저
녁 늦게 들어오는 일이 다반사였다. 대통령의 귀와 입 역
할을 하는 공보수석실에서 공적 업무에 집중하기 위해
청와대에 있는 동안 사사로운 만남이나 관계는 갖지 않
았다.

   '스승'

2009년 8월 18일 김대중 대통령이 돌아가신 후 여의도 국회에서 국장이 진행됐다. 6일간의 국장 기간 동안 나는 장의위원회 대변인을 맡아 매일매일 국장 진행과정을 언론에 브리핑했다. 국장 기간이 끝날 무렵 한 방송사 기자가 나에게 물었다.

"마지막 비서관으로서 김 대통령을 떠나보내는 소회가 어떠냐?"

내가 대답했다.

"돌아가신 것도 아쉬운 일이지만, 배움의 기회를 잃은 것이 더 아쉽다."

많은 분들이 김 대통령을 '선생님'이라고 부른다. 나 역시 '스승'이었다고 생각한다. 10여 년 동안, 특히 퇴임 후 7년여 동안 가까이서 모신 입장에서 나는 김 대통령에게 정말 많은 것을 배웠다.

먼저 나는 김 대통령에게 대한민국의 민주주의의 역사, 그리고 현재

김대중 대통령 국장 기간 동안 장의위원회 대변인을 맡아 국회 정론관에서 브리핑을 했다.

의 과제, 미래의 비전, 그리고 이것을 실현해 나가는 데 필요한 정책들을 배웠다. 학습목록은 정치, 경제, 문화, 교육, 외교, 남북관계 등 여러 분야에 걸쳐 있다. 배움의 주제는 대한민국을 뛰어넘었다. 중국, 일본, 미국, 유럽, 인도의 장래, 동북아와 아시아의 미래, 인류의 미래로 확장되었다.

학습은 반복적으로 진행됐다. 김 대통령의 저술과 연설문을 읽고, 국내외 언론과의 인터뷰 내용을 가까이서 보고 듣고, 행사와 면담에 배석하며 보고 듣는 것 자체가 학습이고 훈련이었다. 공보비서관으로서 김 대통령의 말씀을 받아쓰는 것은 학습의 과정이었다. 김 대통령의 자서전 집필을 돕는 일, 서거 이후 김대중도서관의 의뢰를 받아 진행한 수십 권에 달하는 김 대통령 저서의 해제를 정리하는 일도 학습의 과정이었다.

특별한 학습도 있었다. 한적한 토요일이면 비서관들이 사저 응접실에 앉아 1시간, 2시간 그분의 말씀을 듣는 경우가 있었다. 우리는 이것을 '토요강의'라 불렀다. 강의 주제는 정치, 인생, 종교, 역사, 인물, 문학 등 다양했다. 우리는 1시간을 들으면 책 1권을 읽는 것과 같다고 말했다. 행복한 시간이었다.

그러나 나는 더 중요한 것을 배웠다. 그것은 김 대통령이 인생을 대하는 태도, 삶에서 보여준 김 대통령의 자세였다. 김 대통령이 돌아가신 후 나는 고등학생이나 대학생을 상대로 여러 차례 강연을 할 기회가 있었다. 나는 이들 강연에서 김 대통령의 생애와 생활에서 배운 6가지에 대해 말했다.

6가지 배움

　　나는 김대중 대통령에게, 첫째, '용기'를 배웠다. 김 대통령은 스스로 자신은 겁이 많은 사람이라고 말했다. 그러나 역사와 국민 앞에 충성했다. 납치, 사형선고, 감옥생활, 연금과 망명 속에서 신념을 잃지 않게 한 것은 용기였다. 야당의 지도자로서, 대통령으로서 자신의 소신과 정책을 밀고나가는 데는 더욱더 큰 용기가 필요했다. 항상 상황은 불확실하고, 전망은 불투명했지만 그 속에서 벗어나게 해준 것은 용기였다. 김 대통령은 일기에, 수첩에 '용기는 지덕(至德, 최고의 덕)이다', '우리가 두려워해야 할 것은 두려움 그 자체다'라는 경구를 적어놓고 스스로 용기를 갖고자 했다.

　둘째, '실사구시'의 정신, '성공하는 인생'에 대해 배웠다. 김 대통령은 이상과 원칙에 얽매여 현실을 외면하지 않았다. 현실에서 성공하는 인생을 살고자 노력했다. '서생적 문제인식'을 갖되 '상인적 현실감

각'을 갖고자 노력했다. 지사(志士)의 삶에 머무르지 않았으며, 현실의 정치지도자로서 자신의 정책을 펼쳐나갈 힘과 권력을 갖고자 노력했다. 정치에서는 스스로 "심산유곡에 핀 한 떨기 백합화가 아니라 진흙탕에서 피는 연꽃"이 되고자 했다.

셋째, '노력'을 배웠다. 김 대통령은 부지런했다. 옛 지식과 새로운 지식을 습득하는 데 게을리하지 않았다. 독서와 사색, 메모, 토론은 김 대통령의 무기였다. 또한 연습과 훈련을 반복했다. 인연을 중히 여기고 인연을 맺은 사람에게 정성과 노력을 다했다.

넷째, '가족'을 배웠다. 김 대통령의 가족은 사별한 첫 부인에게 난 아들 두 분과 그 가족들, 이희호 여사가 낳은 아들과 그 가족들이 있다. 평범한 가족이라 할 수 없다. 그러나 김 대통령은 이런 가족을 성공적으로 이끌어왔다. 정치지도자, 대통령이란 최고의 공직에 있었지만 항상 가족을 먼저 생각하고 가족의 화목과 단합을 위한 방법을 찾고 실천했다. 아버지, 남편, 할아버지, 형과 아우, 사돈으로서 역할에 성심을 다했다. 김 대통령에게 가족은 힘의 원천이었다.

다섯째, '신앙'을 배웠다. 김 대통령은 학습과 경험을 통해 자신의 신앙을 넓혀나갔다. 납치와 사형선고 앞에서는 물론, 최고의 공직인 대통령직에 올라서도 자신이 믿는 하나님께 의지하는 삶을 살았다. 그러나 그 신앙이 편벽되거나 타 종교에 배타적이지 않았다. 김 대통령의 화해와 관용의 정신은 역사에 대한 통찰에서 연유된 것이지만, 기독교 신앙의 가르침이 그 바탕에 있다.

여섯째, '감성'을 배웠다. 김 대통령은 "대지는 어머니, 만물은 형제"라고 말했다. 강아지를 좋아하고, 새 모이 주기를 즐겼다. 풀, 나무,

김대중 대통령은 가을이면 코스모스 밭을 찾았다. 구리 한강변 코스
모스 밭에서 기념촬영(2008년 가을)

꽃들을 관찰하기를 좋아했다. 고전을 많이 읽어 심성을 가꾸라고 말했
다. "위대한 인물은 위대한 상식인이며, 위대한 생각은 완전한 상식 위
에서 나온다."고 말했다. 김 대통령은 눈물의 정치인이었다. 김 대통령
은 휴머니스트로서의 감성과 정치인으로서의 용기를 동시에 갖춘 분
이었다.

김 대통령과의 인연

　　나는 자주 어떻게 김 대통령과 인연을 맺게 되었느냐는 질문을 받는다. 나는 김 대통령과 직접적인 인연은 없다. 굳이 인연을 찾는다면 1982년 12월 24일 내가 1차 감옥생활 중에 형기 만료를 40여 일 앞두고 형집행정지로 출감한 일이다. 이 일은 전적으로 김 대통령 덕분이라고 할 수 있다.

　　내가 대학 3학년 때인 1981년 6월에 이른바 '학림사건'으로 1년 6개월의 징역형을 받고 춘천교도소에 수감 중이었을 때다. 김 대통령은 1980년 이른바 '5·17내란음모사건'으로 청주교도소에 수감 중일 때였다. 1982년 12월 당시 전두환 정권은 김 대통령을 미국으로 강제 출국시키면서 당시 '5·17내란음모사건' 관계자와 '학림사건' 관계자 중 몇 명을 함께 석방했는데 그때 나도 포함되었다. 이렇게 김 대통령 덕분에 '하루가 징역이다'라는 감옥생활을 만기 40여 일 앞두고 출소할

청와대 비서관 시절, 방송녹화에 들어오시면서 비서관들을 격려.

수 있었던 것이다. 훗날 김 대통령에게 이런 인연을 이야기한 적이 있었는데, 김 대통령은 "그런 적이 있었나. 그때는 모두 힘들었다."며 그때 일을 회상하곤 했다.

그 뒤 김대중 대통령이 정계에 복귀하여 1996년 새정치국민회의를 창당할 때 창당대회장에 배포된 당보를 편집하는 일에 실무자로 참여한 일이 있었지만 직접 만나거나 대화에 참여한 적은 없었다.

내가 청와대로 들어가 김 대통령을 보좌하게 된 것은 당시 청와대에서 일하는 분들의 추천으로 시작됐다. 집권 2년차인 1999년 말 새정치국민회의 총재인 김대중 대통령은 2000년 새해에 새로운 당을 만드는 일에 착수했다. 2000년 4월에 실시될 총선을 준비하기 위해서였다.

나는 당시 국회의원 보좌관으로 일하고 있었다. 그리고 새정치국민회의 내에 재야출신 원내외 인사들의 모임인 국민정치연구회에 참여하고 있었다. 또 새천년민주당 창당준비위원회에 나가 일했다. 이때 박선숙 청와대 부대변인이 "청와대에 와서 함께 일해보자."는 제안이 왔다. 박 비서관은 나에게 "공보비서실이지만 모든 일을 다 한다고 생각하면 된다. 청와대 홈페이지를 관리하는 일도 해야 한다."고 말했다. 박선숙 부대변인은 1980년 중반 민청련 때부터 함께 활동했고, 1995년 재야인사들이 민주당에 참여할 때 같이 입문한 사이였다. 방용석 의원은 나의 청와대행을 흔쾌히 허락해주었다.

그렇게 해서 청와대 공보비서실에서 근무하기 시작했다. 처음에는 국회 보좌관과 같은 직급인 4급 별정직 행정관으로 임명됐다. 당시 한광옥 비서실장으로부터 임명장을 받았다. 임명장에는 '대한민국'을 새긴 국새가 커다랗게 찍혀 있었다. 또 '대통령 김대중'이 선명하게 적혀 있었다. 임명장에는 청와대 일의 무게감이 실려 있었다.

청와대 생활

청와대는 근무의 강도나 긴장감, 책임감에서 어떤 곳과도 달랐다. 2003년 2월 김대중 대통령이 퇴임하기까지 3년 동안 정말 혼신의 힘을 다해 일했다. '국민의 정부'와 김대중 대통령의 성공을 위해 밤낮으로 일했다. 새벽별 보고 집에서 나가 저녁 늦게 들어오는 일이 다반사였다.

청와대는 국정을 총체적으로 책임지는 최고기관이었다. 국회에서 일할 때는 정부를 비판하고, 정부를 견제하는 역할이었다면, 청와대는 나랏일을 책임지고 이끌어가는 역할을 해야 했다. 내가 근무한 공보수석실은 국내외 언론관계 일이 주였지만, 그것만이 아니었다. 당과 정부 각 부처, 국회, 언론 등 총체적 국정상황을 항상 관찰하고 문제점을 찾아 대안을 제시하고 대통령과 청와대의 정책에 반영되도록 하는 일이었다. 특히 대통령의 말과 글을 통해 국정이 이루어지도록 하는 막

청와대 시절 청와대 인터넷 담당 직원들과 함께.

중한 자리였다.

나는 새로 만난 당과 언론, 각 분야에서 잔뼈가 굵은 베테랑 인사들과 잘 협력했다. 그리고 엘리트 고위 관료들과도 협력했다. 우리는 토론은 많이 했지만 마찰은 없었다. 대통령을 모신다는 하나의 목표에 충실했다.

나는 청와대에 들어가면서 사사로운 만남이나 관계는 당분간 갖지 않기로 작정했다. 모든 일은 공적인 업무에 집중했다. 나는 매주 혹은 수시로 박준영 공보수석과 박 수석의 후임인 박선숙 공보수석의 지시를 받아 대통령께 전달되는 보고서를 작성하는 일을 맡아 했다.

또 다른 내 역할은 공보기획비서관실에 있는 청와대 홈페이지 팀을 관리하고 인터넷 여론동향을 매일매일 대통령께 보고하는 일을 했다.

매일매일 청와대 홈페이지 게시판과 대통령께 보내오는 이메일을 보고, 천리안, 다음 등 인터넷 포탈 게시판의 의견을 참고하여 대통령께 올리는 보고서를 작성했다. 김대중 대통령은 인터넷 동향 보고서를 즐겨 읽었다. 청와대 홈페이지의 이메일이나 게시판에 올라오는 네티즌들의 글을 원문 그대로 몇 개씩 올렸는데 김 대통령은 그것을 읽고 장관들이나 수석 비서관들에게 업무를 지시하기도 했다.

2000년 남북정상회담

2000년 6월 최초의 남북정상회담을 앞두고 청와대는 흥분과 긴장감에 쌓여 있었다. 우리 공보수석비서실은 평양에서 김 대통령이 할 공식 연설문 초안을 만들고 신문, 방송, 사진기자들을 선발하고 취재 지원 계획을 세웠다. 다른 해외 순방은 실행 계획이 아주 구체적으로 세워지는데 남북정상회담은 그렇게 할 수 없었다. 왜냐하면 대통령의 공식일정도 확정되지 않았기 때문이다.

나는 평양에 가는 대신 을지로 입구 롯데호텔에 마련된 프레스센터를 관리하는 일을 맡았다. 롯데호텔 2층의 커다란 홀에 프레스센터가 마련되었다. 국내외 취재진 1,000여 명이 취재할 곳이었다. 우리는 통일부, 국정홍보처 등 관계기관과 함께 호텔 3층에 임시 사무실을 마련했다. 3층 사무실에는 복사기 10대를 준비하였다. 평양에서 기자들이 쓴 기사들이 팩스로 들어오면 통일부 직원들이 먼저 10장을 복사하고 또 각 복사기마다 100장을 복사해 2층으로 내려가 기자들에게 한 장씩 나눠주었다.

그때는 모든 게 기사가 됐다. 취재기자들이 보낸 정식 기사만이 아니라, 방송기자들의 방송 대본은 물론이고 북측이 주최하는 오찬, 만찬 메뉴판도 기사가 됐다. 평양에서 속속 기사들이 들어왔다. 우리는 기사 위에 일련번호를 매기고 복사해 기사를 기다리는 기자들에게 전달했다.

6월 14일 저녁 남북공동선언이 합의된다는 소문이 돌기 시작하며 프레스센터는 긴장감이 한층 높아졌다. 자정 무렵 3장으로 된 공동선언문이 팩스로 들어왔다. 김대중 대통령과 김정일 위원장의 친필 사인이 있었다. 직원들이 복사를 해서 기자들에게 배포하려고 내려갔

김대중 대통령 내외분과 함께 파주 도라산 역을 방문.

다. 그러나 2층과 3층 사이 경찰들이 막고 있는 계단을 지나자 공동선언을 먼저 보려고 기자들이 몰려들었다. 공동선언문을 들고 가던 여직원은 기자들에게 휩싸여 나눠주지 못하고 복도에 던졌다. 외신들은 그 장면도 취재했다. 그 일로 그 여직원은 외신 인터뷰까지 했다. 그렇게 취재 열기가 높았다.

2000년 4월 총선과 6월 정상회담이 끝난 후 나는 행정자치부에서 시행하는 영국 연수를 갈 기회를 얻었다. 각 부처에서 한 명씩 20명이 3주간 일정으로 영국 공무원 대학으로 연수를 가는 것이었다. 우리 일행은 런던 히드로 공항을 거쳐 런던 남쪽으로 1시간가량 걸리는 서닝데일이라는 곳에서 연수를 시작했다. 당시 토니 블레어 수상이 이끄는 영국 정부가 추진하고 있는 규제 개혁 등을 공부했다.

남북철도 경의선 시범운행, 열차로 개성을 가다.

주말에는 런던으로 들어와 대영박물관, 하이드팍을 구경했다. 영국
에서 공부 중인 친구의 안내로 유명한 뮤지컬 〈오페라의 유령〉을 관람
하기도 했다. 〈오페라의 유령〉은 십 수 년 동안 항상 매진으로 인기를
끄는 연극이었다. 약 세 시간의 공연은 그야말로 감동적이었다. 무대
구성, 조명, 음향, 배우들의 표정과 동작 하나하나가 역시 공연은 현장
감이 중요하다고 느꼈다. 지금도 그 음악 선율을 들으면 그때의 감동
이 생각난다. 또 런던에서 출발, 해저 터널을 거쳐 프랑스 파리 북역에
도착하는 유레일을 타고 파리로 들어와 파리 여행을 했다. 루브르박물
관을 보고, 에펠탑을 오르고 센 강에서 유람선을 타기도 했다.

마지막 주에는 스코틀랜드 에딘버러로 옮겨 지방의회를 견학하고
현장수업을 진행했다. 에딘버러성을 구경하고 스카치로 유명한 위스
키 공장과 하이랜드 지방을 돌아보기도 했다.

공보기획비서관

집권 4년차인 2001년이 되면서 청와대 내에는 이른바 '순장파'가 누가 될 것이냐는 말들이 나오기 시작했다. '순장파'란 임기 말까지 대통령과 함께 갈 사람이 누구냐는 것이었다. 옛날 중국의 황제들이 죽으면 측근들을 순장하던 것에서 따와 그런 말들을 썼다. 나는 당연히 '순장파'가 되었다.

나는 임기 1년여를 남기고 공보기획비서관(2급)에 임명됐다. 그동안 공보수석을 맡던 박준영 대변인이 다른 부처로 옮기고 박선숙 부대변인이 공보수석으로 임명됐다. 청와대 사상 처음으로 여성 대변인이 탄생했다. 나는 박선숙 공보수석이 맡아왔던 공보기획비서관에 임명되었다. 박지원 비서실장으로부터 임명장을 받았다.

김대중 대통령의 각종 언론 회견을 기획하고, 방송 출연 등에 대한 세부계획, 대담 계획을 협의하고 정했다. 2001년과 2002년에는 김대

박지원 비서실장으로부터 청와대 공보기획비서관 임명장을 받았다.

중 대통령의 총재직 사퇴, 민주당 탈당 등 큰 정치적 사건들이 있었다. 김 대통령은 두 자제분이 검찰에서 조사를 받은 불행한 일이 있었지만 임기 말에도 흔들림 없이 일했다. 김 대통령은 임기 말 '선택'과 '집중'을 강조했다. 각 부처마다 마지막 해에 마무리할 과제를 2~3가지씩 적어내게 하고 그 일을 직접 챙겼다. 2002년 김 대통령은 많이 아팠다. 아들들 문제도 그렇지만 몸의 피로가 누적되어 있었고 고령이었다. 그럼에도 김 대통령은 최선을 다했다.

2002년 6월 대한민국은 흥분의 도가니였다. 한일월드컵 때문이었다. 나는 당시 김진표 정책기획수석이 주관하는 청와대 월드컵 태스크포스(TF) 팀에 참여했다. 대통령의 지시로 청와대에 만들어진 이 팀에는 청와대뿐 아니라 관련부처의 주요 관계자들도 참석했다. 월드컵의 진행과 관련된 모든 일들이 상의됐고, 즉각즉각 정부를 통해 지침이 내려갔다. 그때 김대중 대통령이 가장 강조한 것은 '안전 월드컵'이었다. 1년 전 9·11 테러 사건이 미국에서 발생해 테러 문제에 대한 걱정이 컸다. 또한 수많은 관중들이 모이는 스포츠 행사에서 일어날 수 있는 모든 안전사고에 미리 대비해야 했다.

그런 한편 나는 '붉은악마'가 되기도 했다. 나는 직원들에게 빨간 붉은악마 티셔츠를 구입해 나눠주어 함께 입고 청와대를 나서서 시청 앞으로 나갔다. 10여 명의 붉은 옷을 입은 직원들이 나오자 청와대 경호실과 경비하는 경찰들 눈이 휘둥그레졌다. 우리는 시청 앞으로 가 '붉은악마'들과 응원을 같이하기도 했다.

당시 김 대통령은 자제분들이 구속되는 상황에서 국민들 앞에 직접 나서기가 어려운 실정이었다. 또 주최국 정상이 자국만 응원하는 것도 모양이 좋지 않은 일이었다. 그러나 부산에서 열린 폴란드와의 예선 첫 경기, 포르투갈과의 예선 마지막 경기, 스페인을 승부차기로 이겨 4강 신화를 이룬 '광주전'을 직접 관람하며 히딩크 감독이 이끄는 한국팀을 응원했다. 그때 인터넷에는 '김 대통령이 참관하는 경기는 모두 이긴다'는 'DJ 신드롬' 현상이 화제가 되었다. 실제 김 대통령이 관람한 경기는 모두 이겼다.

나는 청와대 공보기획비서관 시절 많은 기자들과 대화를 나눌 시간을 가졌다. 나는 정부의 입장과 대통령의 생각을 잘 전달하고자 노력했다. 청와대 출입 기자들은 가장 우수한 능력을 가진 기자였고, 모두가 김 대통령을 존경했다. 김 대통령 또한 기자들을 만나 대화하기를 좋아했다.

청와대에 춘추관이라는 곳이 있다. 춘추관은 기자실이다. 고려와 조선시대에 사초를 모아 역사를 기록하던 곳에서 가져와 이름을 지은 곳이다. 청와대 춘추관장은 보도지원비서관이 맡았다. 나는 주로 행정관들의 도움을 받아 그날그날 청와대 대변인이 브리핑하는 자료를 만들어주는 일을 했다.

임기 말 청와대 출입 기자들과 공보비서실 비서관들이 모여 '청춘회'라는 모임을 만들었는데, 청춘회는 청와대 춘추관에서 앞 글자를 따와 만든 것이다. 청춘회 회원들은 기자였지만 국정운영과 김 대통령에 대해 조언을 아끼지 않았다. 청춘회는 김 대통령이 퇴임한 후 돌아가신 후까지 그 모임이 계속되고 있다.

청와대 본관에서 공보비서실 비서관 행정관들과 함께.

나는 청와대와 퇴임 후 김 대통령의 공보비서관 생활을 10여 년 해오면서 언론과 기자에 대해서 많은 생각을 했다. 언론은 국민 여론을 형성한다는 면에서 국정 환경을 결정짓는 대단히 중요한 분야이다. 어떨 때는 언론이 정치권이나 청와대를 주도해나가기도 한다. 언론인들은 누구보다 국정 상황을 잘 파악하고 있으며 문제점도 잘 안다. 그런 점에서 국정을 맡은 사람들은 언론의 비판에 귀 기울여야 하고 언론인들과 수시로 대화해야 한다. 김 대통령은 이런 점을 비서관들에게 수시로 강조했다.

문제는 권력화 된 언론이다. 언론은 권력을 감시하고 올바른 여론을 형성해야 할 책무가 있다. 그러나 권력화 된 언론은 자신의 이익에 맞춰 권력에 빌붙거나 자신의 권력과 반대되는 세력을 가혹하게 짓밟는다. 김 대통령은 특권화 된 언론권력을 정상화하기 위한 시도로 2001년 언론사 세무조사를 실시했다. 거기에는 엄청난 보복이 뒤따랐다. 우리의 언론 환경은 이런 점에서 큰 문제가 아닐 수 없다. 언론권력에 대한 국민의 견제와 감시가 필요한 이유이다.

2002년 말, 드디어 청와대를 떠날 때가 가까워오기 시작했다. 노무현 대통령의 당선으로 온 청와대가 기뻐했다. 정권 재창출이 이뤄진 것이다. 노무현 대통령의 당선은 김대중 대통령의 또 다른 업적으로 기록되었다. 정권 재창출이야말로 최대의 개혁이었다. 소수 정파로 집권해 연립정부로 운영하던 김대중 정부가 같은 민주당 정권으로 노무현 후보를 당선시킨 것이다.

노무현 후보의 당선은 김대중 대통령이 5년여 동안 이룩한 성과가 계속 이어지기를 바라는 국민들의 열망이었다. 국민들은 김대중 정부에서 시작된 변화, 즉 민주주의의 확산과 제도화, 남북화해의 기운 등이 이회창 후보를 내세운 보수진영의 집권으로 중단되는 것을 원치 않았다.

그러나 그 기쁨도 잠시, 노무현 당선자측은 이해할 수 없는 행보를 보이기 시작했다. 미국의 보수 싱크탱크에서 제기하고 한나라당에서 문제 삼은 대북송금 문제를 당선자측에서도 거론하기 시작했다. 김 대통령은 통치권 차원의 일이고, 국익을 위해서 밝혀서는 안 된다고 강조했지만, 퇴임을 며칠 앞두고는 대국민 사과까지 해야 했다. 그러나 노무현 대통령 당선자측에서는 누군가 책임을 져야 한다는 말을 숨기지 않고 말했다.

어머니가 돌아가시다

2003년 1월 어머니께서 돌아가셨다. 간암으로 몇 해 투병을 해오셨는데 끝내 이기지 못했다. 어머니는 아프신 중에도 청와대 임기가 끝나는 아들 일을 걱정했다. 마침 쌍둥이 형이 미국에 연수를 가 있어서 내가 모시고 있던 참이었다.

2002년 12월 19일 대통령 선거 투표일에 간암 말기 선고를 받은 어머니는 배에 복수가 많이 차 투표를 포기했다. 어머니는 통증을 호소했다. 그런데 오후가 되자 투표장에 가시겠다고 했다. 우리는 그냥 계시라고 했지만 어머니는 꼭 투표를 하러 가시겠다고 했다. 어머니는 전날 밤 노무현-정몽준 단일화가 파기된 소식을 알고 있었고 투표 결과가 잘못될 수도 있다고 생각하고 있었다. 또한 어머니는 당신이 한 표라도 보태 노무현 후보가 당선되면 당신의 아들인 나에게도 도움이 되는 일이 있지 않을까 생각하고 있었다.

청와대 근무 시절 청와대 관람을 오신 어머니와 함께

　나는 어머니의 고집을 꺾지 못하고 투표소에 연락해 어떻게 하면 좋은지를 물었다. 투표소에 모시고만 오면 휠체어를 준비해놓겠다고 했다. 그래서 아픈 어머니를 승용차에 태워 집 부근 초등학교에 마련된 투표장으로 가 주위의 부축을 받고 투표를 마쳤다. 노무현 후보의 개표 방송을 보시면서 어머니는 조마조마했다. 결국 노무현 후보의 당선이 확실시되자 어머니는 고통 속에서도 활짝 웃으셨다. '대통령 노무현'은 이런 마음들과 정성들이 모여 당선되었다. 어머니는 그렇게 생애 마지막 투표를 하신 후 한 달이 채 못돼 돌아가셨다. 나는 빈소에서 불효자를 용서해달라며 한없이 울었다.

　어머니는 가난한 시골 마을로 이사와 일곱 남매를 낳고 키웠다. 친가나 외가를 막론하고 조카들을 가장 잘 챙겨주고 사랑해주는 어머니였다. 어머니는 가족의 우애를 몸소 실천했다. 지금도 간혹 장성이나 광주 고향에 가면 어머니를 그리워하는 친지들이 많다.

내가 1981년 감옥에 갔을 때 나를 처음 면회 온 어머니는 면회실을 들어오지 못했다. 그때 40여 일이 넘게 소식이 끊어지자 아들이 전두환에게 끌려가 죽은 줄 알았다고 했다, 죽은 아들을 다시 보는 것 같은 기분에 면회실을 들어오지 못하신 것이다. 나는 이렇게 어머니에게 불효를 했다. 아들이 청와대에 들어가 비서관이 되었을 때 어머니는 무척 기뻐하셨다. 새벽잠을 깨우며 출근을 도와주던 어머니, 간암의 고통 속에서 노무현 후보의 당선을 위해 한 표를 보태겠다고 병든 몸을 이끌고 투표장에 가시던 어머니……. 어머니는 그렇게 살았고, 결국 내 곁을 떠났다.

빈소에 청와대 박지원 비서실장과 청와대의 여러 동료들이 와서 어머니를 잃은 나를 위로해주었다. 박지원 비서실장은 이때 중요한 이야기를 우리 가족에게 전했다.

"최 비서관은 퇴임 후에도 대통령님을 계속해서 모시기로 됐습니다."

나도 그런 논의가 있다는 것은 알고 있었지만, 막상 어머니 빈소에서 통보를 받은 것이다. 나는 다시 한 번 대통령님의 은혜에 감사했다. 이 소식은 빈소를 찾은 모든 가족들과 친지들에게 입에서 입으로 전달됐다. 나는 상중이었지만 축하를 받았다.

그런데 어머니 상을 마치고 청와대로 들어가니 또 다른 상황이 전개되고 있었다. 2000년 남북정상회담과 관련한 대북송금 문제가 터지

퇴임 기념촬영

고 노무현 당선자 진영에서는 김대중 대통령과 청와대를 압박하고 들어왔다. 김대중 대통령은 이 일로 대국민 사과를 하고 퇴임했다.

그러면서 김대중 대통령은 퇴임하면 당분간 대외활동을 하지 않을 것이며, 거기에 맞추어 비서진을 다시 짜기로 했다며 나는 일단 조금 기다려야 한다고 말이 들려왔다. 나는 오히려 잘됐다고 생각했다.

청와대를 떠날 시간이 다가왔다. 나는 2003년 2월 24일 김 대통령께서 동교동 사저로 돌아가는 것을 청와대에서 지켜보고 집으로 돌아왔다. 청와대 생활은 이렇게 끝났다.

오랜만에 찾아온 휴식

청와대에서 나온 2003년 봄 나는 오랜만에 아내와 한강변에서 자전거를 타거나 산책을 하며 휴식을 취했다. 국회 3년 반, 청와대 3년, 거의 7년여 만에 느껴보는 달콤한 시간이었다.

그런 한편 나는 동교동으로 자주 찾아가 그곳 비서진들과 협력해 일했다. 연세대 김대중도서관 개관을 앞두고 전시실을 꾸미는 일을 도왔다.

김 대통령은 2003년 5월 연세대 세브란스 병원에서 심혈관 확장수술을 받았다. 이때부터 김 대통령은 1주일에 3일씩 신장 혈액투석을 받아야 했다. 이 무렵 청와대 임기 말 '순장조'에 참여했던 몇몇 비서관들이 퇴원한 지 얼마 안 되는 김 대통령을 찾아가 인사를 드렸다. 김 대통령은 살도 많이 빠지고 기력도 쇠해 보였다. 그러나 김 대통령은 찾아온 비서관들에게 "연부역강(年富力强, 나이가 젊고 기력이 왕성함)

하니 잘들 하라."며 격려를 아끼지 않았다.

김대중도서관은 노무현 대통령과 주한 외교사절이 참가하는 가운데 2003년 11월 공식 개관했다. 김대중도서관 건물은 애초에 김대중 대통령이 1994년에 설립된 아태재단(아태평화재단) 건물로 지어졌다. 그러나 청와대 임기 말 김 대통령은 아태재단을 해체하고 아태재단의 모든 재산을 연세대에 기증했다. 또 소장하고 있던 1만 6천여 권의 장서도 모두 기증했다. 연세대는 기증자의 뜻을 존중해 연세대 부속연구기관으로 김대중도서관을 설립했다. 도서관 5층 건물에는 김대중 대통령의 집무실이 마련됐다.

이에 앞서 2003년 6월 6·15 남북정상회담 3주년을 맞아 김대중 대통령을 도와 방송 대담을 하는 일을 도왔다. 김대중 대통령은 그해 5월 생명이 위급한 지경까지 갈 만큼 큰 수술을 한 직후였고, 더욱이 대북송금 특검이 시작돼 남북정상회담을 성사시키는 데 크게 기여한 임동원 전 통일부장관과 박지원 비서실장이 검찰 소환을 앞두고 있던 때였다. 그러나 김 대통령은 6·15 남북공동선언만큼은 기념하고자 했다. KBS TV에서 제안해온 6·15선언 3주년을 기념하는 특별대담을 소설가 김주영 씨와 대담 형식으로 1시간 동안 동교동 사저 응접실에서 녹화를 했다. 김 대통령은 이 방송에서도 대북송금 특검을 반대하는 입장을 거듭 피력했다.

김 대통령은 2003년 후반기부터 조금씩 건강을 회복하고 대외활동을 시작했다. 2003년 8월에는 하버드국제학생회의(HPAIR) 개막식에 참석해 '아시아의 미래와 한반도 평화'라는 주제로 연설을 했다. 찾아오는 국내외 손님들도 많아졌다. 미국의 돈 오버도퍼 교수, 도널드 존스턴 OECD 사무총장, 빌 클린턴 전 미국 대통령, 루추어젠(盧秋田) 중국인민외교학회장이 김대중도서관을 찾아와 김 대통령을 만났다.

2003년 12월에는 칠레 정부로부터 재임 말기 체결한 한-칠레 FTA 협정에 대한 공로로 대십자훈장을 받았다. 또한 12월 15일 제11회 '춘사 나운규 영화제'에서 한국영화 진흥에 기여한 공로로 공로상을 수상했다. 대통령께서는 직접 참석해 영화인들의 박수를 받고 크게 기뻐했다. 그리고 동아시아포럼(EAF) 창립식(12월)에 참석해 연설을 했다. 김 대통령은 재임 중 동아시아공동체를 만들기 위해 노력했는데 동아시아포럼의 발족을 "동남아시아와 동북아시아를 포괄하는 공동기구를 향한 큰 발걸음"을 내딛었다고 평가했다.

나는 정식 비서관으로 발령을 받지는 않았지만 동교동으로 찾아가 김 대통령의 언론 회견이나 연설문을 작성하는 데 참고할 만한 내용을 정리해 올려드리는 일을 했다.

제4부

마지막 비서관

김 대통령은 전직 대통령이 정부를 측면에서 돕는 아름다운 문화를 만들었다. 생애 마지막까지 남북의 화해협력, 민주주의의 발전, 서민생활의 향상을 호소했다. 이를 위해 민주당과 야당, 시민 세력은 단결하고 연합하라고 주문했다. 나는 '마지막 비서관'으로서 내 임무를 끝까지 수행할 것이다.

전직 대통령 비서관

2004년부터는 동교동 김대중도서관으로 공식 출근을 시작했다. 2009년 8월 서거하시기까지 마지막 비서관 생활이 시작된 것이다. 당시 노무현 대통령의 탄핵으로 고건 총리가 대통령 대행을 맡고 있었다. 행정자치부에서 건네준 전직 대통령 비서관(2급) 임명장에는 노무현 대통령이 아닌 '고건 대통령 권한대행'의 도장이 찍혀 있었다.

공식 집무에 앞서 김 대통령과의 첫 만남이 동교동 사저 응접실에서 이뤄졌다. 김 대통령은 우리 현대사에서 친일파 문제를 길게 설명했다. 해방 후 이승만 정권이 들어오면서 독립운동 하던 사람들은 배제되고 친일파들이 중용되면서 현대사가 잘못되기 시작됐다고 말했다. 독립운동가의 자손들은 판잣집에 살면서 자식들 교육도 시키지 못하는 반면, 친일파들은 요직에 오르고 호의호식하는 모습은 민족정기를 세우는 데 큰 오점을 남겼다고 말했다. 김 대통령은 차분하고 정연하게 당신의 생각을 자신의 비서관이 될 나에게 설명했다.

사무실은 김대중 대통령 동교동 사저와 맞붙어 있는 연세대 김대중도서관 4층에 있었다. 김 대통령의 공식 집무실은 도서관 5층에 있었다. 나는 김대중도서관으로 출근해 사저 응접실이나 집무실에서 대통령에게 보고했다. 처음 보고하러 들어갈 때의 긴장은 이루 말할 수 없었다. 보고서를 정리한 후 몇 번 연습도 했다. 물어보실 만한 질문을 정리해 예비 답변도 만들어가곤 했다.

내가 김대중 대통령으로부터 퇴임 후 보좌할 비서관으로 임명된 경위는 나도 잘 알지 못했다. 당시 박지원 비서실장과 박선숙 공보수석비서관(청와대 대변인)의 추천이 있는 정도로 알았다. 박지원 비서실장은 2011년 1월 내가 쓴『김대중 리더십』출판기념회에 참석해 그 사연을 털어놓았다.

"퇴임 무렵 김 대통령을 모실 세 사람의 비서관을 선발하게 되었다. 당시 비서관들이 매일, 혹은 매주 대통령께 올리는 보고서를 작성했는데 눈에 띄는 보고서가 있었다. 그래서 그 보고서를 들고 김 대통령께 자주 보고를 했다. 그 뒤 '이게 누가 쓴 것이냐'고 물었더니 최경환 비서관이라고 했다. 그래서 퇴임 후 김 대통령을 모신 비서관으로 임명하게 된 것이다."

나는 공보기획비서관 시절 당과 정부, 언론 등의 국정상황을 종합하는 보고서를 매주 혹은 때때로 작성한 적이 있었다. 관계 비서관들

퇴임 후 김대중평화센터 공보기획비서관 임명장을 받고.

이나 언론인들의 의견들 듣고, 신문의 사설이나 해당 부처, 국정원 등 여러 부처에서 올라온 보고서 등을 참고해 국정의 종합적인 상황, 대통령과 청와대, 정부와 당이 각각 취해야 할 태도와 해야 할 일을 적은 보고서를 작성한 것이다. 아마도 박지원 비서실장이 말하는 보고서는 이 보고서를 말하는 것 같다. 아무튼 대통령께서 자주 보는 보고서였다고 하니 뿌듯하다.

전직 대통령 비서관은 '전직 대통령 예우에 관한 법률'에 따라 3명의 비서관을 둘 수 있었다. 현직 대통령 재임 중에는 청와대 비서실에 수석비서관들과 비서관들이 50여 명 있었다. 그러나 퇴임한 전직 대통령에게는 3명만을 둘 수 있었다. 경호실은 청와대 경호실에서 전직 대통령 경호를 맡은 경호관들이 나와 있었다.

우리 비서실은 세 명의 비서관이 의전과 국제업무, 총무, 공보기획을 나누어 일을 맡아 김 대통령을 보좌했다. 퇴임 후 의전과 국제업무는 청와대 시절 부속실장을 지낸 김한정 비서관이 맡았다. 김한정 비서관 후임으로는 양봉렬(말레이시아 대사 역임), 하태윤(이라크 대사 역임), 김선홍(중국 칭타오 총영사 역임) 비서관이 차례로 보좌했다. 총무 비서관은 야당 시절부터 청와대까지 20여 년 동안 김대중 대통령과 이희호 여사를 가까이서 모신 윤철구 비서관이 맡았다. 나는 퇴임 시기 김 대통령을 모시다가 퇴직한 김형민 비서관의 후임으로 들어가 공보기획업무를 맡아 언론 회견, 국내행사 등의 일을 맡았다. 김선홍, 윤철구 비서관과 나, 세 비서관은 김 대통령께서 서거하실 때까지 모신 '마지막 비서관'이 되었다.

2004년 동교동 풍경

대북송금 특검, 열린우리당의 창당으로 2004년 동교동은 적막강산과 같았다. 2004년 4월 총선이 끝난 후 경향신문 김택근 논설위원은 '김대중을 '3김'으로 묶지 말라'라는 제목의 기명 칼럼에서 당시의 분위기를 이렇게 적었다.

"이번 총선에서 민주당의 참패가 꽤나 안타깝다. 이미지와 바람이 휩쓸고 간 전장(戰場)에는 민주당 장수들의 주검이 즐비하다…… 민주당은 김대중 전 대통령(DJ)의 이념과 정책, 그리고 철학을 계승한 적자(嫡子) 정당임을 외쳤지만 DJ의 추인이 없었기에 구원 병력은 오지 않았다. 민주당은 절박했고, 그래서 DJ를 향한 구애는 절절했다. 하지만 DJ의 입은 열리지 않았고 결과는 참담했다. 아침마다 동교동의 뜨락을 쓸었던 가신들이 피를 흘리며 돌아왔다…… 정 많은 노인네가 측근들이 흘리는 눈물을 보았으니 어찌 슬프지 않았겠는가."

(경향신문, 2004. 4. 18)

2004년 4월 총선에서 대통령은 침묵을 지켰다. 민주당은 물론이고 열린우리당에서도 구애의 손길이 뻗쳐왔지만 어느 한쪽으로도 손길을 내밀지 않았다. 거기에는 두 당 모두에 대한 원망도 있었다. 민주당은 대북송금 특검을 막지 못했고, 열린우리당은 민주당을 깨고 나왔다. 한편으로는 두 당은 대통령에게는 하나는 형이고, 하나는 아우인 형제당이었다. 둘 다 자기 자식들이었다.

연초에는 좋은 일도 있었다. 1월 29일 서울지법에서 속개된 '5·17 김대중내란음모사건' 재심 공판에서 무죄 선고를 받은 것이다. 김 대통령은 피고인의 자격으로 직접 법정에 나가 진술했다. 무죄가 선고되자 기자들 앞에서 "역사와 국민은 승리한다는 것을 다시 한 번 확인했다."라고 소회를 밝혔다.

2004년에 들어와서도 대통령은 활발하게 움직였다. 한겨레신문 신년회견(1월)을 시작으로 일본경제신문 회견(3월), 문화일보와 MBC의 6·15 4주년 회견(6월), 중국 CCTV(6월), 경향신문(10월), 기독교방송(10월) 등 국내외 여러 언론들을 만나, 주로 북한 핵문제 해법, 남북관계 발전 등에 견해를 피력했다. 특히 김대중 대통령은 노무현 대통령이 남북정상회담을 해서 자신을 이어 남북관계를 더욱 진전시키기를 바랐다. 그러나 대북송금으로 꼬인 남북관계는 쉽게 진척되지 않았다.

2004년에 대통령은 4차례 해외여행을 했다. 퇴임한 전직 대통령이었지만 대통령 재임 때와 마찬가지로 휴식이나 관광을 위한 여행 일정은 전무하다시피 했다. 모두 강연과 인터뷰, 주요 인사 면담 등 전직 대통령으로서, 그리고 노벨평화상 수상자로서 일을 하는 여행이 됐다. 우리는 대통령과 함께 외교부의 협조를 받아 해외여행 준비를 철저히 했다.

김 대통령의 해외여행에는 특별한 준비가 필요했다. 2003년 5월부터 시작한 1주일에 3회씩 해야 하는 신장 혈액투석을 받는 일정이 있었기 때문이었다. 장석일 주치의가 외교공관이 추천하는 병원과 사전 예약을 하고 투석 치료 일정이 잡혀지면 다른 일정을 정했다. 해외여행에는 장석일 주치의(성애병원 원장), 정남식 심장자문의(연세대 의과대학장), 한대석 신장자문의(연세대 교수)가 번갈아 수행했고, 투석을 전담하는 심순범 간호사가 따라갔다.

5월 10일부터 19일까지 프랑스, 노르웨이, 스위스 유럽 3개국을 방문했다. 경제협력개발기구(OECD), 노르웨이 분데빅 총리, 세계보건기구(WHO)의 초청으로 이루어졌으며 퇴임 이후 첫 해외방문이었다.

김 대통령은 프랑스 파리에서 열리는 OECD 포럼 2004 개회식에 참석하여 '21세기와 동아시아'라는 주제로 기조연설을 하고 도널드 존스턴 OECD 사무총장이 김 대통령을 위해 주최하는 만찬에 참석했다. 이어 노르웨이 오슬로 방문에서는 분데빅 총리를 예방하고 총리 주최 환영만찬에 참석했고, 노벨연구소에서 노벨평화상 수상자 자격으로 '햇볕정책—과거, 현재, 미래'를 주제로 강연했다. 마지막 순방지로 스위스 제네바를 방문하여 제57차 WHO 총회 개막식에서 특별연설을 했다. 당시 WHO는 한국인으로는 최초로 이종욱 사무총장이 이끌고 있었다.

유럽 방문을 마친 한 달 뒤인 6월 29일 김대중 대통령 내외분은 중국 방문을 위해 출국했다. 김 대통령은 북경에서 중국 중앙텔레비전(CCTV)과 회견을 가졌다. 쨩저민(江澤民) 중국 군사위원회 주석과 회담을 갖고 한중 협력과 한반도 평화정착 방안에 대해 의견을 나눴다. 탕자쉬엔(唐家璇) 국무위원이 주최하는 만찬에도 참석했다. 7월 2일에는 칭화(淸華)대학에서 교수와 학생을 상대로 '한반도 평화와 한중 협력'이라는 주제로 강연을 했다.

그해 11월에는 스웨덴 스톡홀름과 이탈리아 로마 방문을 위해 7박 8일 일정으로 출국했다. 스웨덴 페르손 총리와 회담을 갖고 북핵 문제의 평화적 해결 방안에 대해 협의하고 팔메센터에서 한반도 평화를 주

2004년 6월 김대중 대통령 내외분과 북경을 방문하고 북경공항에서.

제로 연설을 했다. 이어 김 대통령은 벨트로니 로마시장과 고르바초프 재단의 초청으로 로마를 방문하여 '노벨평화상수상자 세계정상회의' (World Summit of the Nobel Peace Laureates)에 참석했다. 역대 노벨평화 상 수상자와 수상단체 대표들이 대거 참석하는 개막식에서 김 대통령 은 기조연설을 하고, 테러 등 인류안보의 위협에 관한 세션에 참석하 여 토론했다. 노벨평화상수상자 세계정상회의는 참석자들이 공동 작 성한 '최종선언문'을 발표했다. 로마회의에서는 테러, 빈곤, 핵무기 등 평화의 위협 요인들을 지적하고 인류 평화를 위한 노벨평화상 수상자 들의 연대와 협력을 강조했다. 이탈리아 지도자들과도 만나 미국 대 선 이후 변화하는 정세 속에서 북핵 등 한반도 문제의 평화적 해결을 위한 국제사회의 협력을 요청했다. 또 김 대통령은 로마에 본부를 둔 유엔 세계식량계획(WFP)을 방문하여 북한 식량지원 사업 관계자들을 격려했다.

유럽 방문을 마치고 돌아온 김 대통령은 12월 6일 말레이시아 콸라 룸푸르에서 열리는 제2차 동아시아포럼(East Asia Forum)에 참석, 동아 시아 공동체를 위한 아시아 각국의 협력을 강조하는 특별연설을 했다.

이렇게 2004년 한 해만 해도, 유럽 2차례, 중국, 말레이시아 등 4차 례 해외순방을 했다. 나는 이 가운데 중국과 말레이시아 방문을 수행 해 김 대통령을 보좌했다.

이 밖에도 김 대통령은 국내에서도 강연과 언론 회견 등으로 분주 한 일정을 보냈다. 동교동으로 찾아오는 여러 국내외 귀빈들을 만나 환담했다. 구스마오 동티모르 대통령과 호르타 외무장관(1월), 페르손 스웨덴 총리(3월) 등을 만났다. 그리고 6·15 남북공동선언 4주년 행사

2004년 6월 6·15 4주년 특별대담을 마치고 KBS제작진들과 기념촬영.

와 경남대학교 극동문제연구소 통일관 개관 축사(6월), 퍼그워시 서울 총회 연설(10월), 제5회 세계지식포럼 연설(10월) 등 각종 강연에 초청돼 연설을 했다.

김대중 대통령은 이처럼 퇴임 후에도 그동안 전직 대통령들이 보여주지 못한 새로운 전직 대통령 문화를 만들었다. 전직 대통령이 현직 대통령과 정부를 측면에서 돕는 아름다운 문화를 만들었다. 김 대통령은 해외에 나가면 대대적인 환영을 받았다. 정상급 인사들과 주요 지도자들이 김 대통령을 만나기를 원했다. 그 나라에 이름 있는 언론사들이 취재하고 인터뷰를 요청했다. 이런 모습을 본 주재국 외교관들은 한국의 전직 대통령이 이렇게 평가받고 활약하는 데 대해 큰 자부심을 느꼈다. 재임 중의 과오로 침묵을 지키거나 법정에 서기도 하는 전직 대통령의 모습을 보아온 국민들에게도 이러한 김 대통령의 모습은 아름답게 비춰졌다.

이때부터 나는 김 대통령의 자서전 집필을 보좌하는 일을 맡았다. 10여 년 동안 쌓은 출판사 경력과 출판계의 아는 분들의 도움을 받았다. 나는 대통령에게 세계적인 인물들의 회고록이나 자서전을 검토해 보고서를 올렸다. 거기에는 드골, 처칠 등 역사적인 인물의 회고록뿐만 아니라, 넬슨 만델라 대통령, 마가릿 대처 수상, 나카소네 수상 등 당대의 저명한 인물의 자서전도 포함되어 있었다. 그리고 출판계의 많은 전문가들의 의견을 물어 김 대통령에게 보고했다. 전문가들은 진실한 기록, 휴먼 스토리가 되어야 한다는 점을 강조했다. 역사도 기록해야 하겠지만 생활도 기록해야 한다는 점도 강조했다. 전문가들의 조언은 김 대통령께서 집필 구상을 하면서 자서전의 기조를 정하는 데 많은 참고가 됐다. 김 대통령은 보고서를 보시고 더 많이 이야기를 들어 보라고 독려했다. 그러나 김 대통령은 그때까지만 해도 자서전 집필은 준비하되 서두르지는 않았다. 대통령은 회고할 때가 아니라 일을 할 때라고 생각하고 계셨다.

김 대통령의 두 차례 입원

2005년에도 김 대통령은 국내외에서 활발한 활동을 펼쳤다. 그러나 국내에서는 도청사건 수사가 진행돼 임동원, 신건 두 국정원장들이 구속되고 8월과 9월 두 차례나 입원하는 등 건강상 고비를 맞기도 했다. 자서전 준비도 열심히 했다.

나는 이 해부터 김대중 대통령이 이사장으로 있는 김대중평화센터에 소속돼 공보비서관으로 대외 발표 등의 업무를 맡았다. 김대중 대통령의 대변인 역할을 하게 된 것이다.

김대중 대통령 내외분은 2005년에도 미국과 일본 두 차례 해외여행을 다녀왔다. 4월에는 미국 서부 지역을 방문해 아시아재단 연설(4. 25)에 이어서 샌프란시스코 대학에서는 '아시아에서의 인권과 사회정의 추구'라는 제목으로 연설하고(4. 26), 스탠포드 대학에서 '남북관계와 한반도 미래'라는 제목으로 강연했다(4. 27).

그리고 5월에는 일본을 방문해 '한반도 공존과 동북아시아 지역협력'이라는 주제로 동경대학 야스다 강당에서 강연을 했다(5. 23). 그리고 동경방송(TBS), 아사히신문과 인터뷰를 했다.

그리고 국내에서도 연세대학교 리더십센터 강연(2월), 클린턴 대통령 자서전 'MY LIFE' 출판기념회 강연(2월), 퇴임 2주년 MBC 라디오 회견('손석희 시선집중' 2월), 조선일보 회견(3월), 한신대 강연(5월), 6·15 5주년 KBS 대담(6월), 6·15 남북공동선언 5주년 국제학술회의 연설(6월), 한국일보 회견(6월), 독일 일등대십자 공로훈장 수상 연설(6월), 폰 바이체커 전 독일 대통령과 KBS 특별대담(12월), 노벨상 수상 5주년 강연(12월) 등 국내언론 출연과 강연 등으로 왕성한 활동을 펼쳤다.

그러나 2005년에는 2차례 병원에 입원하는 일이 벌어졌다. 8월에는 국민의 정부 시절 도청사건이 터진 후 심적 타격을 받아 8월에 입원했다. 평생을 독재정권으로부터 도청의 피해자로 살아왔고, 재임 때는 도청을 근절하고 도청을 담당하는 국정원을 개혁하고 도청하는 기계를 파기하도록 한 대통령에게 청천벽력 같은 일이었다. 대통령은 나라를 위해 그리고 자신을 위해 몸을 바쳐 일한 임동원, 신건 두 국정원장, 두 측근이 구속되는 상황을 지켜보며 울분을 참지 못했다. 그게 병이 된 것이다. 나는 당시 청와대의 발표와 검찰의 발표에 대해 반박해야만 했다. 나는 김 대통령의 지시를 받고 공보비서관인 내 이름으로 발표했다.

"김대중 전 대통령은 역대 정권의 불법도청의 가장 큰 피해자이고 희생자였다. 미림팀의 불법도청의 핵심은 대통령 당선 이전 5년 동안 김대중 전 대통령을 정치적으로 매장하고, 대통령 당선을 저지시키려 한 것이다. 이것이 본질이라고 생각한다. 김 전 대통령은 국정원에서 발표한 바와 같이 중앙정보부, 안기부의 최대 희생자로서 도청, 정치 사찰, 공작, 미행감시, 고문을 없애라는 지시를 역대 국정원장에게 했다. 아울러 일체의 불법적인 정보수집 등을 하지 못하도록 지시했다. 당선되자마자 도청팀을 해체하도록 했다. 또한 국정원장의 보고 시에도 이를 강조하였으며 그 어떤 불법활동도 보고받은 바 없다. 퇴임하실 때까지 계속 그러한 의사를 강조해오셨다.”

그러나 청와대는 “사실에 직면했을 뿐”이라고 말했다. 일부 언론은 동교동과 청와대의 갈등을 대비해 실으며 동교동과 청와대의 갈등을 기사화했다. 이 사건은 국민의 정부와 참여정부, 김 대통령과 노무현 대통령을 차별화하여 정치적 이득을 얻으려는 일부 참여정부 인사들의 의도가 개입된 일이었다. 대북송금 특검에 이은 두 번째 차별화 전략이었다.

노무현 대통령은 김대중 대통령에게 각별했다. 노무현 대통령이 청와대에서 기자들과 오찬을 하면서 김대중 대통령을 언급하며 “김대중 대통령은 정치의 천재, 정책의 천재”라고 말한 일이 있었다. 내가 잘 아는 기자가 헤드테이블에서 이 말을 받아적어 내게 보내주었다. 나는 김 대통령에게 그 메모를 그대로 전달했다. 그 메모는 1년여 동안 김 대통령 윗저고리 주머니 속에 있었다. 김 대통령은 그 메모를 수시로 읽었다.

김대중평화센터 비서관 내외 초청 만찬을 마치고.

또 노무현 대통령은 청와대 비서관들이 김대중 대통령을 'DJ'라고 부르지 않도록 했다. 또 노무현 대통령은 동교동 김대중도서관을 직접 찾아와 관람하고, 김 대통령 사저에서 함께 식사를 하기도 했다. 현직 대통령이 청와대를 나와 전직 대통령 사저에 와 식사를 하는 일은 전례가 없는 일이었다.

노무현 대통령의 김대중 대통령에 대한 생각은 그랬다. 그러나 참모들은 생각이 달랐던 것 같다. 참모들 중 일부는 김 대통령을 '3김시대'의 한 인물로 보는 경향이 있었다. 그들은 노무현 대통령이야말로 그것을 극복하고 나온 새로운 지도자라고 생각했다. 참모들은 참여정부의 역사적 성격을 잘못 규정했다. 노무현 대통령의 일부 참모들은 참여정부(노무현 정부)는 국민의 정부(김대중 정부)의 업적과 정신을 계승하고 발전시켜나가야 한다는 국민적 열망의 산물이었다는 것을 잊고 있었다.

김 대통령은 도청사건을 겪고 난 후 찾아온 노무현 대통령의 청와대 비서실장에게 말했다.

"김대중 시대가 따로 있고, 노무현 시대가 따로 있는 게 아닙니다. '김대중-노무현 시대'로 가야 합니다. 줄여서 '김-노시대'입니다. 그렇게 해야 성공합니다."

참여정부 사람들은 노무현 대통령의 김대중 대통령에 대한 각별한 생각과는 달랐다. 그들은 김 대통령의 '김대중-노무현 시대'로 함께 가야 한다는 말에 귀 기울이지 않았다.

대통령은 퇴원한 며칠 후인 9월에 다시 입원했다. 언론에 알리지 않은 것이 화근이 된 것인지 언론의 취재 열기도 높았다. 폐렴 증상으로 입원했는데 이번에는 심각했다. 대통령은 속절없이 의식을 잃었고 아무것도 먹지 못했다. 일부 언론에서는 호흡기를 부착하고 있으며 의식도 없다며 과장 보도를 했다. 나는 언론에 사실과 다르고 지나친 보도라고 항의했지만 그때는 사실 심각했다. 다행히 김 대통령은 원기를 찾고 퇴원하셨지만 타격은 컸다.

퇴원은 하셨지만 건강을 챙기는 게 급선무였다. 모든 해외방문 일정은 취소되거나 연기됐다. 주 3회 하던 투석도 월, 수, 금, 토요일 4차례씩이나 했다. 다행히 그해 연말이 되면서 서서히 건강을 회복하기 시작했다.

한편 남북관계와 북한 핵문제는 점점 갈피를 잡지 못하고 진행되고 있었다. 대통령의 여러 차례의 직간접적인 권고에도 불구하고 노무현 대통령은 2차 정상회담을 머뭇거렸고, '선 핵포기 후 남북관계 개선'이라는 입장을 가지고 있었다. 그리고 부시 정부의 대북정책은 강경일변도로 나가며 2차 북핵 위기는 해결될 기미가 보이지 않았다.

김 대통령은 다시 한 번 방북을 하기로 결심했다. 퇴임 후 북측은 김 대통령을 여러 차례 평양으로 초청했다. 2004년 6·15 4주년 국제학술회의에 참석차 서울을 방문한 리종혁 아태평화위 부위원장 일행은 김대중도서관으로 찾아와 김 대통령에게 "좋은 날에 평양을 오실 것"을 요청하는 김정일 위원장의 초청 의사를 전한 적이 있었다. 그리고 2005년 당시 정동영 통일부장관이 김정일 위원장을 만났을 때도 김 위원장은 김 대통령을 초청한 바 있었다.

2005년 9월 병원에 입원하고 있을 때 찾아온 김기남 북한 조선노동당 비서도 다시 한 번 김정일 위원장의 초청 의사를 전했다. 세 번째 초청이었다. 병석에 있는 김 대통령이 나를 불렀다. 그리고 초청을 수락하고 북한을 방문하겠다는 내용을 언론에 정식으로 발표하라고 지시했다. 김 대통령은 병석에서도 새로운 구상을 결심하고 있었다.

방북 실무대표

2006년 신정 초하루 동교동에는 많은 세배객들이 몰렸다. 이 무렵 언론에 김 대통령께서 경의선을 타고 북한에 갈 계획이 있다는 내용이 보도되었다. 세배객들은 모두 이를 화제로 대화를 나누었다.

이미 대통령은 월간중앙 2006년 1월호와 단독 인터뷰를 갖고 "곧 평양을 갈 것이며, '6자회담 상설화' 문제를 협의하겠다.", "특사나 공적 임무로 가면 대화와 행동에 제약이 있기 때문에 개인자격으로 갈 것이다."고 밝혔다. 이어서 MBC 신년특집, 〈김대중 前대통령 부부 대담·평화와 희망의 한국〉에 출연해 엄기영, 김주하 앵커와의 대담에서도 방북 의사를 구체적으로 밝혔다.

"북쪽에서도 김정일 위원장의 초청이 거듭 있었고 또 남쪽에서도 노 대통령이 지난번 말레이시아 가기 전에 나한테 전화해 가지고 북한

을 한번 다녀오도록 요청을 했고 또 정부가 여러 가지 할 수 있는 협력
을 해주겠다 이런 약속도 했습니다. 그래서 지금 남북 양쪽 정부의 그
런 의사도 있고 내 자신도 또 북한을 방문하면 할 얘기가 있지 않나 생
각해서 가는 방향으로 하는데 제일 변수는 건강입니다. 건강만 좋으면
한번 갔다 올까 그렇게 생각 중입니다.”

“정부의 어떤 특사라고 하면 거기서 부여된 한정된 문제 가지고 논
의를 해야 하는데, 난 그것보다는 오히려 그냥 개인적으로 방문하고
싶습니다.”

김 대통령은 이날 회견에서 민족의 장래 문제, 6자회담의 발전, 남
북의 협력 문제, 미국과 일본에 대한 정책 등을 의제로 생각하고 있다
며 가능하면 기차로 가고 싶다고 말했다.

이어서 김대중 대통령은 세계일보 인터뷰(2월), 독일 알게마이너 짜
이퉁 회견(2월), 영남대 강연(‘남북관계의 발전과 민족의 미래’, 3월), 뉴
욕 타임지 인터뷰(3월), 일본 아사히신문 인터뷰(4월), 6·15 남북공
동선언 6주년 강연(6월), 6·15 민족통일대축전 개막식 기념사(광주,
6월), 2006 노벨평화상수상자 광주정상회의 연설(광주, 6월) 등에서 방
북 계획을 거듭 천명하고 남북관계 개선과 북핵문제 등을 위해 북한을
방북할 것을 거듭 천명했다. 그해 봄 대통령의 건강도 회복되기 시작
했다.

연초 비서실은 바빠졌다. 김대중 대통령은 박지원 비서실장과 협의
를 거쳐 정세현 전 통일부장관과 나를 남측 실무대표로 지명하고 북측

김대중 대통령–고르바초프 소련대통령과 KBS 특별대담을 마치고 기념촬영. 오른쪽에서 두 번째가 나.

과 협의하도록 했다. 통일부에서는 이관세 대변인이 참여했다. 정세현 장관이 수석대표였다. 통일부와 국정원의 고위 간부들이 참여해 우리 일을 도왔다. 김 대통령이 나를 실무대표의 한 사람으로 지명한 것은 특별한 의미가 있었다. 김 대통령의 측근으로 대외발표를 담당하고 있는 나를 직접 보냄으로써 북측에 당신의 방북 의지를 분명히 전달하고자 한 것이다. 당초 5월 봄에 북한 방문 계획을 세웠다가 정치권에서 5월 지방선거에 영향을 줄 수 있다는 주장이 제기되자 김 대통령은 방북을 지방선거를 피해 일정을 잡도록 했다.

그해 봄 남과 북은 금강산과 개성에서 2차례 실무접촉을 가졌다. 북측에서는 리종혁 아태평화위 부위원장이 수석대표로 참석했다. 나는 처음으로 북한측 인사들과 마주앉아 김 대통령의 방북 시기, 대표단 규모, 취재진 문제, 방북 경로 등을 토의했다. 주로 정세현 수석대표가 협상을 주도했지만, 북측은 김 대통령을 직접 모시는 나의 이야기를 듣고 싶어 했다. 나는 김 대통령의 의중을 전달하고자 노력했다.

실무적으로 많은 이야기들이 오고 갔고 방북 계획은 세워졌다. 방북은 성사된 듯싶었다. 그러나 대외적 환경이 김 대통령의 방북에 장애물이 됐다. 북미 간에 긴장이 높아지면서 북측이 7월초 미사일을 발사하는 사태가 일어났다. 이 때문에 대통령의 2차 방북은 실현되지 못했다. 대통령은 방북이 무산되자 무척 아쉬워했다. 북측이 7월 미사일을 쏘고 10월 핵실험을 하자 대통령은 다시 한 번 방북이 무산된 것을 아쉬워했다.

"내가 평양에 가서 김정일 위원장을 만났으면 많은 일을 했을 텐데 아쉽다. 그렇게 했으면 미사일 발사나 북한의 핵실험을 막는 데도 역할을 할 수 있었을 것이다."

김 대통령은 이렇게 의욕이 넘쳐 있었다. 그해 가을 북미 간에는 마주 달려오는 기관차처럼 부딪혔다. 강경파 네오콘에 장악된 부시 대통령의 미국 정부는 북한과 대결정책을 계속했다. 노무현 대통령은 부시 대통령을 설득하는 데 한계가 있었다. 북미관계가 악화되자 남북관계도 덩달아 나빠졌다.

이렇게 한반도 상황이 나빠지자 김 대통령은 결심을 했다. 10월 북한 핵실험을 전후로 해서 대통령은 외신 인터뷰와 전국의 대학에서 강연을 하며 북미 직접대화와 남북관계 복원, 햇볕정책으로 돌아갈 것을 호소했다.

김 대통령의 전국 순회강연이 시작됐다. 나도 바빠졌다. 주최측과 강연 일정과 주제를 협의하고, 강연문 참고자료를 작성하고, 관련 보도자료를 발표하는 일은 모두 내 몫이었다.

김 대통령은 9월 부산대 초청 강연에서 "북한 핵문제의 성공비결은 북미간 협상뿐이다. 또 다른 대북제재는 한반도를 긴장상태로 가져갈 것이다. 금융제재 등 새로운 대북제재도 60년 동안 계속되어온 북한체제를 붕괴시키거나 군사적 도발을 긍정적으로 바꿀 수는 없을 것이다."라며, "미국 정부가 이를 적극적으로 수용할 것"을 주장했다.

이어서 김 대통령은 〈르 몽드 디플로마티끄〉 한국어판 창간호 인터뷰(9. 15)에서 남과 북, 미국 정부 그리고 세계의 양심에게 호소했다. 대통령은 "미국의 네오콘이 북한을 악용하고 있다."며 미국의 네오콘에게 직격탄을 날렸다. 김 대통령은 미국 정부가 북한과 대화에 나설 것을 촉구하고, "북한문제는 한국의 의견을 존중해달라."고 전 세계에 호소했다. 그는 또한 "북한 봉쇄가 노리는 것은 중국"이라면서, "하루 빨리 남북정상회담을 열어 상황이 더 나빠지기 전에 민족의 지혜를 모아야 한다."고 제안했다. 북미 강경대결에 대해 미국의 네오콘을 직접 공격한 이 인터뷰의 반향은 컸다.

그러나 북한은 10월 9일 핵실험을 강행했다. 한반도는 위기에 빠졌다. 한반도에 위기가 닥치자 외신들과 국민들은 다시 한 번 햇볕정책에서 해법을 찾기 시작했다. 외신의 인터뷰 요청이 쇄도했고, 각 대학과 단체들에서 강연 요청이 들어왔다.

CNN 인터뷰(10. 9), 경향신문 회견(10. 9), 전남대 강연(10. 11), 뉴스 위크 회견(10. 13), 로이터 회견(10. 14), 세계지식포럼 축사(10. 1), 서울대 강연(10. 19), AP통신 회견(10월), LA Times Syndicate/Tribune Media 기고(10. 25), 목포 고향 방문 연설(10. 28) 등에서 햇볕정책만이 해법이며 그 이외에 길이 없다고 설명했다. 그리고 북미간 직접대화와 남북대화를 시작할 것을 촉구했다.

강연과 언론 회견은 그해 말까지 이어졌다. '김대중도서관 후원의 밤' 연설(11. 2), 영문저널 글로벌 아시아(Global Asia) 기고(11. 3), 'UN ESCAP 교통장관회의 교통 물류 비즈니스 포럼' 연설(부산, 11. 8), 공주대 강연(11. 15), 헤럴드경제 회견(11. 16), 아시아 소사이어티 '아시아 21 청년지도자 포럼' 연설(11. 18), 블룸버그 회견(11. 23), '밴 플리트 상' 수상 연설(12월), 〈오마이뉴스 재팬〉 창간 회견(12. 11), 연합뉴스 송년 회견(12. 26) 등 김 대통령은 그해 말까지 초인적으로 일했다.

김 대통령과 전남대 강연

　　　　　이러한 김 대통령의 노력은 흔들리는 노무현 정부를 바로잡
게 했다. 노무현 대통령과 참여정부 사람들은 10월 9일 북한이 핵실험
을 하자 "이제 햇볕정책을 예전처럼 할 수 없다"는 발언을 해서 사람
들을 놀라게 했다. 김 대통령도 정부의 이런 태도에 대해 화가 났다.

　9일 북한의 핵실험이 있은 다음 날인 10일 청와대에서 노무현 대통
령이 주관한 전직 대통령 초청 오찬이 열렸다. 김 대통령은 그날 열차
를 타고 광주로 내려가 다음 날 전남대에서 강연을 할 계획이었다. 그
러나 열차여행을 포기하고 오찬에 참석하기 위해 청와대로 갔다. 전날
북한의 핵실험에 대해 전직 대통령의 조언을 구하는 자리였다. 전두
환, 김영삼 대통령과 김대중 대통령이 참석했다. 예상대로 전두환 김
영삼 대통령은 북한을 비난하고 강경한 대책을 말했다. 김영삼 대통령
은 김대중 대통령을 향해 햇볕정책 때문에 이런 사태가 왔다며 국민들

에게 사과하라고까지 말했다. 여기에 대해 노무현 대통령은 적절한 대답을 하지 못했다. 김 대통령은 북한의 핵실험은 북미간 대결의 산물이며, 햇볕정책과는 관련이 없다고 설명했다. 이날 김 대통령은 노무현 대통령이 전두환, 김영삼 대통령의 발언에 아무런 대응도 하지 않은 것에 대해 기분이 좋지 않았다. 김 대통령은 청와대에서 돌아오면서 나를 승용차 옆자리에 앉게 하고 그날의 회동 분위기를 말해주었다. 언론에 잘 대응하라는 뜻이었다. 이미 김영삼 상도동 측은 기자들을 불러 자신이 '김대중과 노무현을 혼내주었다'는 식으로 브리핑을 했다.

청와대에서 전직 대통령 회동을 마치고 동교동으로 돌아온 김 대통령은 그날 오후 비행기를 타고 광주로 내려갔다. 김 대통령은 11일 아침 전남대 강연을 앞두고 호텔 숙소에서 노무현 대통령의 전화를 받았다. 청와대 부속실의 김경수 비서관이 내 휴대전화로 전화를 걸어왔다. 노무현 대통령께서 통화를 원하신다는 것이었다. 강연장에 가기 위해 옷을 입고 계시는 김 대통령에게 전화를 건네드렸다. 김 대통령은 노무현 대통령에게 "햇볕정책이 무슨 잘못이 있느냐?"며 정부의 흔들리는 태도를 지적했다. 그날 오전 전남대 강연 후 학생들의 질문을 받고서도 분명하게 밝혔다.

"요새 내가 볼 때는 아주 해괴한 여론이 돌아다니고 있습니다. '북한이 핵실험을 하는 것은 햇볕정책의 실패를 말하는 것이다. 포용정책 그만둬야 한다. 금강산 관광도 그만두고, 개성공단도 그만두어야 한다.' 이렇게 말하고 있습니다. 그런데 아무리 기억을 더듬어 봐도 북

임동원 장관, 정세현 장관, 안주섭 경호실장, 장석일 주치의와 함께 담양 죽녹원 관람.

한에서 '남한에서 햇볕정책 하니까 핵 개발하겠다'고 한 적이 한 번도 없었습니다. '우리가(북한이) 핵 개발한 것은 미국이 우리를 못 살게 굴고, 대화하자고 해도 안 하고, 우리의 살 길을 안 열어주니까 살기 위해서 마지막 수단으로 핵 개발한다.' 이렇게 말하고 있지 않습니까? 그런데 왜 죄가 없는 햇볕정책에다가 그렇게 합니까? 만만한 것이 햇볕정책이라고 하는 것은 내가 볼 때는 타당한 주장이 아니라고 생각합니다."

"오늘 아침에 노무현 대통령께서 전화를 해서 같이 대화를 했습니다. 그 가운데 햇볕정책에 대한 말을 했습니다. '왜 포용정책이 죄가 있느냐? 포용정책은 남북관계를 조금이라도 긴장을 완화시키면 시켰지 악화시킨 일이 없는데 어째서 그렇게 말하느냐? 나는 그렇게 생각한다.' 했더니 대통령께서 자기도 전적으로 동감이라고 말씀했습니다. 그래서 오늘 참모들하고 회의하는데 그 문제를 논의하겠다고 말씀했습니다."

김 대통령은 이날 강연에서 햇볕정책의 성과를 설명하면서 미국과 북한이 책임 있게 문제를 풀어나갈 것을 촉구했다. 이날 강연과 노무현 대통령과의 통화는 북한의 핵실험으로 흔들렸던 노무현 대통령과 참여정부를 바로잡아주었다.

미국 부시 정부도 10월 미국의 지방선거가 민주당의 승리로 끝나면서 김 대통령이 예견한 대로 태도를 바꾸어 6자회담을 통해 북한문제를 풀어나가기 시작했다.

2006년 한 해는 나도 무척이나 바빴다. 상반기에는 금강산과 개성을 오가며 북측과 대통령님의 방북 준비 협상을 해야 했고, 하반기에는 외신들과 회견을 준비하고 전국의 대학 강연을 준비했다.

지방 강연이 있을 때면 나는 지방에 먼저 내려가 학교 당국이나 학생회 등 주최측의 준비 정도를 알아보고, 청중들이 무슨 말을 듣고 싶어 하는지를 사전에 듣고 대통령께 보고했다. 나는 특히 학교측과 학생들에게 대통령 강연이라고 해서 너무 근엄하고 딱딱하게 진행되는 것은 바람직하지 않다, 젊은이들답게 자유스럽고 활발한 강연과 토론이 되었으면 좋겠다는 뜻을 전했다.

그렇게 해서 대통령이 강연하는 강당은 항상 만원을 이루었고, 자리가 부족한 학생들은 연단 위 대통령 코앞까지 몰려와 강연을 듣는 진 풍경이 이뤄졌다. 학교에서는 인터넷으로 전 학교에 중계했고, 지방방 송사들은 생중계 혹은 녹화중계를 했다. 2006년 하반기 김대중 대통 령은 대학가에서 가장 인기 있는 최고의 강사였다.

13일간의 미국 방문

2007년은 대통령 선거가 있는 해였다. 대통령은 열린우리당과 민주당의 통합을 주장했다. '훈수정치'라는 비판이 있다는 것을 알고 있었지만, 민주개혁진영이 지리멸렬하고 분열돼 있는 것을 걱정하며 '대통합'을 통한 양당 구도하의 선거를 강조했다.

연초부터 김 대통령의 언론 회견과 강연이 계속되었다. BBS 불교방송(1. 2), 한겨레신문(1. 8), 도쿄신문(1. 14), MBC 라디오(2. 5), 일본 교도통신(2. 16), 국제기자연맹(IFJ) 강연(3. 13), 매일경제(3. 26), 로마협정 50주년 EU 세미나 연설(3 27), CBS TV 대담(4. 2), 전북대 강연(4. 6), 르 몽드 인터뷰(4. 15), 이탈리아 루니따(L'Unita)지 회견(4. 25) 등이 이어졌다. 이들 강연에서 김 대통령은 6자회담의 성공을 통한 북한 핵문제 해결, 2차 남북정상회담 추진 등을 강조했다.

5월에는 독일을 방문해 베를린 자유대학에서 '자유상'을 수상했다.

김대중 대통령께서 기독교방송과 인터뷰에 앞서 한승헌 변호사, 방송국 관계자와 환담. 나는 공보비서 관으로 김 대통령의 언론회견을 맡아 일했다.

이에 앞서 독일외교협회에서 '한반도 비핵화와 동북아 평화의 전망' 을 주제로 연설을 했다(5. 14).

그해 6월 6·15 공동선언 7주년을 맞아 한국일보(6. 11), SBS(6. 13), VOA(미국의 소리) 방송(6. 14)과 특별회견을 가졌다. 그리고 6월 14일 6·15 7주년 기념행사를 63빌딩 국제회의장에서 1,000여 명이 참석한 가운데 기념공연과 만찬 형식으로 성대하게 치렀다.

9월에는 미국 워싱턴과 뉴욕을 13일 동안 방문했다. 나는 이 여행에 박지원 비서실장과 함께 김 대통령을 수행했다. 노무현 대통령과 김정일 위원장 사이에 2차 남북정상회담이 합의된 뒤였다. 워싱턴에서는 내셔널프레스클럽에서 생애 4번째 연설을 했다. 그리고 존스홉킨스 대학 한미연구소(SAIS)를 방문, 한반도 전문가들과 토론하고, 올브라이트 전 국무장관과 웬디 셔먼 전 대북정책조정관을 면담했다. 미 상원의원과도 오찬을 겸한 토론을 가졌다.

열차를 타고 뉴욕으로 건너온 김 대통령은 코리아 소사이어티에서 '한반도에 평화가 오고 있다'는 주제로 연설을 하고(9. 25), 로버트 루빈 미 시티그룹회장, 반기문 유엔 사무총장, 분데빅 전 노르웨이 수상, 파월 전 국무장관, 헨리 키신저 전 국무장관을 만나 환담했다. 김 대통령은 빌 클린턴 전 대통령이 주최하는 CGI 개막식에 참석하고 클린턴 대통령과 환담을 나누었다. ABC-TV 스튜디오를 찾아가 '굿모닝 아메리카'라는 방송에 출연하기도 했다.

김 대통령은 이 당시 20여 차례나 미국 조야(朝野)의 지도급 인사들과 폭넓은 대화를 나누었다. 김 대통령은 6자회담은 성공하고, 북한은 핵을 포기할 것이라는 점을 강조했다. 김 대통령은 부시 대통령이 '성과 없는 대북 강경정책'을 포기하고 '북미대화'와 '주고받는 협상'으로 전환한 것은 '늦었지만 다행스러운 일'로 평가했다. 그러면서 미국과 국제사회가 북한에 경제적으로 진출해야 한다는 점도 역설했다.

미국의 지도자들과 언론은 2차 남북정상회담 개최를 앞두고 햇볕정책의 창안자이자, 1차 정상회담의 주역인 김 대통령의 방미에 큰 관심을 보였다. 이에 대해 김 대통령은 2차 남북정상회담에서 남북 양정상은, 첫째, 6자회담 성공을 적극 지원하고, 둘째, 교역과 투자, 추가 공단 건설 등 남북간 경제협력 확대를 논의하고, 셋째, 한반도 평화와 긴장완화 문제를 논의하게 될 것으로 전망하며 미국의 지지와 협력을 당부했다. 2·13합의 이행과 부시 대통령의 대북정책 변화 시기에 맞추어 진행된 당시 방미는 '햇볕정책'이 한반도 문제를 해결하는 올바른 노선이었음을 대외적으로 천명하고, 지속적인 추진의 필요성을 확인하는 계기가 되었다. 김 대통령은 2000년 1차 남북정상회담 이후 한 반도에서 일어나고 있는 변화, 특히 북한의 변화상을 미국인들에게 직접 설명했다. 이와 관련해 클린턴 대통령은 "한국의 차기 대선과 관계없이 햇볕정책이 지속되어야 한다."고 강조하기도 하였다.

그리고 김 대통령은 " '한국에는 반미성향이 일고 있다. 한국인은 미국의 은혜를 모른다.'는 등의 주장은 모두 사실이 아니다."라며 한국에 대한 미국 일부의 잘못된 인식을 바로잡는 데도 직접 나섰다. 김 대통령은 한반도 문제뿐만 아니라 중국, 일본 등 동북아 문제에 대해서도 의견을 교환했다. 김 대통령은 6자회담이 성공하면 이를 해체하지 말고 동북아와 한반도의 안보 협력기구로 발전시켜 상설화할 것을 주장했다. 특히 김 대통령은 클린턴 전 대통령, 루빈 전 재무장관(현 시티그룹 회장) 등을 만나 중국 문제에 대해 토론하면서, "중국이 미국과 일본의 동맹을 감당하기 어려운 정도의 압박으로 느끼면 군부에 구실을 주어 군사대국화로 갈 수 있고, 반대로 미일동맹이 견딜 만하다고 받아들이면 중국은 화평굴기(和平屈起), 즉 평화 속의 발전을 추구할 것이다."라고 말했다. 김 대통령은 중국 내에서 부패와 빈부격차의 원인을 놓고 벌어지고 있는 '신좌파'와 '신우파'의 논쟁을 소개하면서, "미국은 중국이 민주화되는 방향으로 유도할 필요가 있다. 그렇게 되면 미국에 위협이 되지 않을 것"이라고 강조해 미국 지도자들의 공감을 얻었다.

김 대통령은 당시 방미를 통해 국제사회의 리더, 노벨평화상 수상자로서의 위상을 다시 한 번 확인시켜주었다. 이들 미국 인사들은 김 대통령에 대한 찬사와 경의도 잊지 않았다. ABC 방송은 김 대통령의 업적을 자료화면으로 만들어 방송하면서, 김 대통령을 '아시아의 영웅, 아시아의 넬슨 만델라, 한국을 12대 경제국가로 올려놓은 지도자'로 소개했다. 클린턴 전 대통령은 클린턴 글로벌 이니셔티브(CGI) 개막식에 참석한 1,100여 명의 세계 지도자들에게 유독 김 대통령의 이름만을 거명하며 "나의 오랜 친구이며, 민주주의를 위해 평생 투쟁하셨고, 결국 나라의 민주주의를 쟁취하신 분"이라고 언급하였다. 파인스타인 상원의원은 오찬 토론에서 "역사 속의 인물인 김대중 대통령과 같은 비전을 가진 분을 지도자로 가진 한국민은 행복하다."고 말했다. 로버트 루빈 전 재무장관은 최근 미국의 어려운 경제상황을 타개하는 데 정치 시스템의 역할을 강조하면서 1998년 IMF 외환위기 당시 김 대통령의 리더십을 상기하며 "미국 대통령에 출마하면 어떻겠느냐?"는 조크까지 했다. 마지막 날 뉴욕에서 만난 노벨평화상 수상자인 헨리 키신저 전 국무장관은 김 대통령을 "위대한 비전(great vision), 위대한 상상력(great imagination)"을 가진 인물로 평가했다.

김 대통령의 당시 미국 방문은 6자회담이 진행 중이고, 2차 남북정상회담을 앞둔 한반도 평화정착의 중대한 시점에서 이루어졌다. 김 대통령은 두 회담의 성공을 위한 미국의 관심과 협력을 이끌어내는 데 혼신의 힘을 다했다. 김 대통령은 6자회담과 남북관계 발전에서 여론형성에 큰 영향을 갖고 있는 지도자들과 면담, 토론, 연설, 방송 출연 등을 통해 미국인들을 직접 설득했다. 김 대통령의 방미는 한반도 평화와 남북관계의 발전을 바라는 우리 국민의 뜻을 미국 사회에 폭넓게 전달한 전직 대통령의 성공적인 국익외교였다고 평가됐다. 나는 김 대통령의 13일간의 미국 워싱턴과 뉴욕을 수행하며 김 대통령의 위상을 다시 한 번 직접 목격할 수 있었다. 정말 자랑스러웠다.

김 대통령은 그해 10월에는 일본을 방문했다. 리츠메이칸 대학에서 명예박사학위를 받고 '한반도 평화와 한일관계'라는 주제로 강연을 했다. 또 일본 TBS, 세카이(世界) 지와도 대담을 진행했다. 당시 국내에서는 '국정원과거사건진실규명을통한발전위원회'가 1973년 동경납치사건 조사 결과를 발표하면서 당시 박정희 대통령의 범행 지시, 살해 목적에 대해 분명한 입장을 제시하지 못했다. 이 무렵 일본 정부는 "왜 대통령 재임 때 해결하지 못했느냐?"며 무례한 태도를 보였다. 이에 대해 김 대통령은 일본 교토 현지에서 기자간담회를 갖고 기자들의 질문에 다음과 말했다.

"(조사 발표에서) 2가지를 지적했는데요. 하나는 납치가 살해 목적이었냐 아니었냐 하는 것과 또 하나는 누가 시켰느냐 하는 것입니다. 그 점에 있어서 조사위원회는 조사를 해놓은 것 가지고도 확실히 할 수 있었는데 결론은 제대로 내지 않은 것 아닌가 생각합니다. 저의 납치 목적은 살해가 분명합니다……분명한 살해 목적이었는데 그것을 지적하지 않은 것은 유감스러운 일 중 하나입니다. 그리고 납치를 누가 시켰느냐 하는 것은…… 이것은 박정희 대통령의 지시가 분명한데 이 점에 대해서도 심증만 있다고 하는 것은 미흡하다고 생각합니다."

"내가 한 가지 더 첨부하고 싶은 것은 나는 일본이 한국하고 내 문제를 가지고 정치결착을 할 때 내가 출국을 포함해서 행동의 자유가 있다고 했습니다. 사실 동백림사건에 의해서 납치돼서 한국에 왔던 사

김대중도서관을 방문한 조녀선리 어린이 평화운동가와 함께

람들은 프랑스와 서독 정부의 항의에 의해서 전부 프랑스와 독일로 돌아갔습니다. 나도 당연히 그렇게 될 걸로 알았는데 전혀 그렇게 되지 않았습니다. 일본은 그것을 관철시키지 않았습니다…… 그때 나는 일본하고 한국 사이에서 내가 일본에서 한 행동은 처벌을 받지 않는다고 했기 때문에 일본이 그것을 구실로 해서 적어도 내가 죽지 않을 것이라고 기대했었습니다. 물론 일본도 관심이야 있었겠지만 결국 내가 살아난 것은 카터 대통령과 레이건 당선자의 적극적인 노력으로 살아났습니다. 그때 당시 나는 일본의 그러한 노력을 얼마나 기대했는지, 당시 그것이 이루어지지 않았을 때 내가 얼마나 실망했는지 이루 말로 표현할 수 없습니다. 참으로 슬펐습니다."

김 대통령은 이처럼 한국의 국정원 과거사위원회와 일본 정부의 태도에 대해 실망을 숨기지 않았다. 아직도 1973년 동경납치사건의 진실은 한국과 일본에서 확실히 정리되지 않고 있다. 김 대통령의 80년 내란음모사건에 대해서는 재심에서 무죄를 받아 역사적으로도, 법률적으로도 정리가 됐지만, 동경납치사건만큼은 아직도 정리가 완결되지 못하고 있다.

2007년 12월 김대중 대통령의 노벨평화상 수상 7주년 행사가 서울에서 열렸다. 이날 행사는 김 대통령의 제안으로 '버마 민주화의 밤' 행사로 열렸다. FREE BURMA! FREE SUU KYI!라는 주제로 열린 행사에서는 해외버마지원단체 〈유로버마〉의 한 양훼(Han Yawnghwe) 회장, '최고의 버마 전문가'로 알려진 버틸 린트너(Bertil Lintner) 씨(버마를 30여 년간 취재한 스웨덴 출신 언론인)가 특별연설을 통해 버마의 상황을 증언했다. 또한 '버마 민족민주동맹(NLD)' 한국지부와 '버마행동' 관계자 등 국내 거주 버마 인사 100여 명이 참석해, 조국 버마의 민주화를 촉구하는 버마 민속 공연을 선보였다. 나는 한국에 망명해 활동하고 있는 버마 NLD 인사들과 함께 이 공연을 준비했다.

아울러 참석자들은 노벨평화상 수상자인 아웅산 수치 여사의 연금 해제, 버마 민주인사들의 정치활동 자유, 민주화 조치 단행을 촉구하는 특별 메시지를 채택해, UN과 버마 군사정부에게 보냈다.

그리고 빌 클린턴 전 대통령, 남아공의 넬슨 만델라 전 대통령, 일본의 고노 요헤이 중의원 의장이 미얀마 민주화를 촉구하는 메시지를 보내왔다.

김대중 대통령은 야당 시절, 대통령 재임 기간, 그리고 퇴임 후에도 버마의 민주화와 아웅산 수치 여사의 연금 해제를 위한 운동에 적극 참여해왔다. 행사에는 김 대통령을 비롯해 '국민의 정부' 주요 인사, 주한 외교사절, 정계, 언론계, 종교계, 버마 지원 NGO 등 600여 명의 인사가 참석했으며, 4만 달러의 성금을 거두어 버마 민주인사들에게 전달했다. 대통령께서는 이 행사가 성공적으로 치러진 것에 대해 매우 기뻐했다.

2008년 퇴임 6년차

2008년에도 김 대통령의 왕성한 국내외 활동은 멈추지 않았다. 비록 정권은 보수당인 한나라당에게 넘어갔지만 나라의 문제를 해결하는 데 열중했다.

먼저 이명박 정부에 대해서는 상반기에는 그다지 비판적인 언급을 하지 않았다. 격려도 하고 기대도 했다. 비서관들에게도 당분간 지켜보자며 언행을 조심할 것을 지시했다. 그러나 하반기부터는 특히 정부와 여당, 일부 언론의 '잃어버린 10년'이라는 주장에 대해서는 분명하게 입장을 밝혔다. 연말경부터는 3대 위기론(민주주의 위기, 서민경제 위기, 남북관계 위기)을 들고 나와 정부의 각성을 촉구했다.

4월에는 총선이 있었는데 둘째 아들인 김홍업 전 의원과 박지원 비서실장이 민주당 공천에서 탈락하는 모습을 지켜봐야 했다. 다행히 박지원 실장이 원내에 진입해 괄목할 만한 의정활동으로 대통령에게 큰

위안을 주었다.

대통령은 총선이 끝난 4월 미국의 포틀랜드와 보스턴을 방문해 강연을 하고 주요 인사들을 만났다. 포틀랜드에서는 포틀랜드 대학에서 명예인문학박사를 받고 '도전과 응전, 그리고 하느님'이라는 주제의 노벨평화강연을 하고, WAC(World Affairs Council)에서 '북한 핵문제는 해결될 것인가?'라는 주제로 강연을 했다.

보스턴에서는 하버드 대학 케네디스쿨에서 '햇볕정책이 성공의 길이다'는 주제로 강연을 했다. 파우스트 총장을 만나서도 환담을 나눴다. 그리고 김 대통령의 오랜 친구인 보스워스 전 주한 미국대사가 학장으로 있는 터프츠 대학 플레처스쿨에서 오찬을 하며 토론하는 시간을 가졌다.

6월에는 김대중평화센터가 주최하는 6·15 8주년 기념행사를 개최했다. '6·15 남북정상회담과 그 이후'를 주제로 특별강연회가 열려 한반도 문제 전문가인 부르스 커밍스 미국 시카고대 교수, 와다 하루키 일본 도쿄대 명예교수, 그리고 6·15 남측위원회 위원장 백낙청 서울대 명예교수는 특별강연을 통해 6·15의 의의와 성과를 조명했다. 이날 행사에서는 6·15의 이행과 계승 발전을 다짐하고 남북 당국에 대화를 촉구하는 내용의 선언문을 발표하기도 했다.

9월에는 노벨평화상 정상회의 참석차 노르웨이를 방문했다. 멀고 힘든 여정이었다. 갈 때는 영국 런던 히드로 공항에서 2시간여 동안 체류해야 했고, 올 때는 독일 프랑크푸르트 공항을 거쳐 돌아왔다. 김 대통령은 노르웨이 스타방게르에서 열린 이 회의에 참석, '대화의 힘(Power of Dialogue)—공동의 이익을 목표로 하는 상호주의 대화'를 주

2008년 노르웨이 스타방게르에서 열린 노벨평화상수상자 정상회의에서 김대중 대통령과 아침식사. 오른쪽은 김 대통령의 주치의 장석일 박사.

제로 연설을 하고 패널토론을 가졌다. 나는 하태윤 비서관, 장석일 주치의와 함께 이 일정을 수행했다.

12월에는 김 대통령의 노벨평화상 수상 8주년 행사가 '한반도 평화 대강연회'로 개최되었다. 이날 강연에는 미국, 일본, 한국 3국에서 4명의 대표적인 한반도 전문가들이 참여해 강연을 했다. 미국의 제임스 레이니(James Laney) 전 주한 미국대사와 돈 오버도퍼(Don Oberdorfer) 존스홉킨스대 교수, 일본의 이토 나리히코(伊藤成彦) 일본 중앙대 명예교수, 한국의 임동원 전 통일부장관이 나서 '미국 신정부와 한반도 평화', '남북관계 및 북일관계의 현황과 전망'을 주제로 강연을 하고 질의응답도 받았다. 성황리에 개최된 성공적인 행사가 됐다. 김 대통령도 크게 만족했다.

김 대통령은 10월 중국 심양과 단동을 방문했다. 심양에서는 동북아지역 발전과 협력포럼에서 '한반도 평화와 동북아'라는 주제로 연설을 하고(10. 27), 단동을 찾아가 압록강 철교 밑에서 강 건너 북한 땅 신의주를 바라보았다.

김 대통령은 2008년 한 해도 쉬지 않고 일했다. 한겨레 회견(5. 19), 한국정치학회 인터뷰(6. 15), 경향신문 인터뷰(7. 30), KBS 일요진단 출연(8. 10), 코리아 타임즈 회견(8. 15), 민화협 기관지 민족화해 인터뷰(9. 3), '변화의 촉매' 아시아 전설의 리더와의 Open Dialog(9. 30), '신한일관계 파트너십 선언' 10주년 심포지엄 연설(10. 8), 한신대 '평화와 공공성 센터' 창립 강연(10. 16), MBC 라디오 대담(10. 23), 한국일보 회견(11. 14) 등 열정적으로 일했다.

8월 4일 말레이시아 국립대학인 말라야 대학에서 대통령에게 명예 인문학박사를 수여했는데 건강상의 이유로 직접 가지 못하고 이희호 여사가 참석해 대신 학위를 받고, 대통령님의 연설문을 대독했다.

"생시인가, 악몽인가"

2009년, 이명박 정부의 국정운영에 대해 김 대통령은 더욱 비판의 강도를 높여갔다. 새해 아침 김대중도서관 컨벤션홀에서 열린 신년하례 인사말에서도 대통령의 걱정은 그대로 들어났다.

"저는 작년 1년을 상상도 못한 그런 광경 속에서 살았습니다. 이것이 꿈인가, 생시인가, 악몽인가 그런 생각을 한 것이 한두 번이 아닙니다. 우리는 지난 50년 동안 수많은 사람이 감옥 가고, 고문당하고, 목숨 바쳐서 민주주의를 쟁취했습니다. 지난 10년 국민의 정부와 노무현 정부가 들어섰습니다. 여야 정권교체가 되었을 때 이제 이 나라 민주주의는 반석 위에 서게 되었다고 믿었습니다. 그런데 작년 1년을 겪어보니 우리 민주주의가 큰 도전을 받고 있고 이렇게 해서 다시 20년, 30년 전으로 역주행하려고 하지 않나 하는 두려움을 갖고 있습니다."

그러한 가운데서도 김 대통령은 국민과 역사를 믿었고, 그 누구도 민주주의를 후퇴시키지 못할 것이라는 확고한 생각을 가지고 있었다. 특히 미국의 오바마 대통령의 취임을 그 누구보다 기뻐하며 북한 핵문제 해결도 긍정적인 전망을 내놓았다. 미국의 변화는 곧 이명박 정부에게도 영향을 미치며 남북관계에도 진전이 있을 것으로 내다봤다.

1월 15일 외신기자클럽 연설에서부터 활동은 시작됐다. 이날 100여 명의 외신기자들이 참석한 가운데 열린 '오바마 정권과 한반도'라는 주제의 연설에서 이렇게 말했다.

"오바마 정권은 한반도 정책에 있어서 부시 정권의 대북 강경정책과는 다른 자세를 취할 것으로 믿습니다. 오히려 클린턴 대통령이 추진했던 직접대화와 일괄타결의 방향을 취할 가능성이 크다고 봅니다. 선거 중 이미 오바마 대통령 당선자는 '당선되면 북한 지도자와 직접 만나서 핵문제 등 한반도 문제를 논의하겠다.'고 말한 바 있습니다."

아니나 다를까 미 오바마 정부에는 대통령의 친구이며, 햇볕정책을 지지해온 사람들이 들어갔다. 클린턴 힐러리 국무장관과 보스워스 대북정책 대표는 한국을 방문하면서 대통령에게 전화를 걸어 김 대통령이 추구해온 대북정책을 평가하고 관심을 보였다.

4월 김 대통령은 하의도 고향을 14년 만에 방문했다. 이것이 생애 마지막 고향 방문이 되었다. 바람이 불고 비가 내렸지만 김 대통령은 이제는 다시 올 수 없는 마지막 고향 방문이라고 예견하신 듯 하의초

김대중 대통령의 마지막 해외방문. 중국 베이징 사회과학원을 방문. 남북관계 전문가들과 토론하고 있다.

등학교, 덕봉서당, 생가터, 큰바위얼굴을 모두 방문했다. 그리고 하의3도 농민운동기념관 행사에 참석해 준비한 연설도 하셨다. 비서진들은 만약 날씨가 험악해져 배가 출항하지 못하는 사태를 걱정해 빨리 출발할 것을 권했지만 대통령은 예정된 일정을 그대로 진행했다.

5월에는 김 대통령을 모시고 중국을 방문했다. 장차 중국 국가수반으로 내정돼 있는 시진핑 국가부주석을 인민대회당에서 만났다. 그리고 북경대학에서 강연을 하고, 중국사회과학원에서 전문가들과 토론을 했다. 김 대통령은 열정적이었고, 중국 지도자들은 그런 김 대통령을 열렬히 환영했다. 중국의 지도자들은 "중국 인민들은 김 대통령의 생애를 잘 기억하고 있다.”며 김 대통령에게 최고의 예우를 해주었다. 이것이 대통령님 생애 마지막 해외여행이었다. 나는 이 마지막 해외여 행을 함께했다.

노무현 대통령의 서거

5월 23일 아침 노무현 대통령이 서거했다는 소식이 전해졌다. 그날 오전 사저 응접실에서 독일의 슈피겔 지와 회견이 있었다. 나는 그 자리에 배석하고 있었다. 슈피겔 지 기자는 노무현 대통령의 서거에 대해 맨 먼저 물었다. 그러나 김 대통령은 아직 노 대통령이 서거했다는 것을 확신하지 못하고 있었다. 인터뷰에 들어오기 전 노 대통령이 병원에 실려 갔다는 소식만을 듣고 오신 것이다. 인터뷰에 배석하고 있는 내 휴대폰으로 '노무현 대통령 서거' 속보가 문자로 날아왔다. 기자들을 포함한 여러 사람들의 전화가 쉴 새 없이 걸려왔다. 인터뷰가 끝나고 노무현 대통령의 서거가 확인되었다고 말씀드리자 김 대통령은 한참 동안 눈을 감고 생각에 잠겼다. 그리고 나서 김 대통령은 '내 몸의 절반이 무너진 것 같다'고 말했다. 그리고 검찰의 무리한 수사가 이런 비극을 가져왔다고 검찰을 비판했다.

다음 날인 24일에는 클린턴 전 대통령으로부터 따뜻한 편지가 왔다. 클린턴 대통령은 5월 18일 서울 하얏트 호텔에서 김 대통령과 만찬을 하고 미국으로 돌아가 편지를 보낸 것이다. 보낸 날짜가 노무현 대통령이 서거하신 다음 날인 2009년 5월 24일로 돼 있었다.

"……대통령님의 동지이신 노무현 대통령 서거 소식이 참 안타깝습니다. 저도 백악관 시절 가장 오랜 친구를 잃었습니다. 남은 우리가 할 수 있는 일은 가신 분들의 삶이 남긴 업적을 감사히 여기는 일뿐입니다…… 2009년 5월 24일, 빌 클린턴"

대통령께서는 이 편지 번역본을 노무현 대통령 측에도 보내라고 하셨다. 봉하마을의 김경수 비서관에게 전화를 걸어 이 소식을 알려주고 편지 번역본을 팩스로 보냈다.

김 대통령은 노무현 대통령 서거 이후 심신의 충격이 컸다. 5월 27일 서울역 분향소 참배와 5월 29일 경복궁 영결식 참석은 김 대통령의 건강에 큰 충격을 추었다. 경복궁 영결식 때 2시간 가까이 뙤약볕에 계신 것이 결정적인 타격을 주었다. 대통령께서도 "그때 힘들었다."고 하시기도 했다.

병원에 입원하기 전 오마이뉴스의 오연호 대표기자와 가진 인터뷰에서 노무현 대통령에 대한 김 대통령의 생각이 잘 나타나 있다.

"나는 지금도 그날을 잊을 수가 없습니다. 동교동에서 독일 슈피겔

지와 인터뷰를 하다가 비서관으로부터 노무현 전 대통령의 서거 소식을 전해 들었습니다. 그때 나는 "내 몸의 반이 무너진 것 같다."고 했습니다. 왜 그때 내가 그런 표현을 했는지 생각해봅니다. 그것은 우리가 함께 살아온 과거를 돌아볼 때 그렇다는 것만이 아니었습니다. 나는 노 전 대통령 생전에 민주주의가 다시 위기에 처해지는 상황을 보고 아무래도 우리 둘이 나서야 할 때가 머지않아 있을 것 같다고 생각해왔습니다. 그러던 차에 돌아가셨으니 그렇게 말했던 것입니다."

김 대통령은 5월 29일 노무현 대통령 영결식 때 상주 측으로부터 영결식 추도사 부탁을 받고 마음속으로 준비하고 있었지만 정부 측의 반대로 하지 못한 것에 대해 정부에 연민의 정을 느꼈다고 술회했다. 김 대통령이 준비한 추도사의 내용은 이러했다.

"노무현 대통령 당신, 죽어서도 죽지 마십시오. 우리는 당신이 필요합니다. 노무현 당신이 우리 마음속에 살아서 민주주의 위기, 경제 위기, 남북관계 위기, 이 3대 위기를 헤쳐나가는 데 힘이 되어주십시오. 당신은 저승에서, 나는 이승에서 우리 모두 힘을 합쳐 민주주의를 지켜냅시다. 그래야 우리가 인생을 살았던 보람이 있지 않겠습니까. 당신같이 유쾌하고 용감하고, 그리고 탁월한 식견을 가진 그런 지도자와 한 시대를 같이했던 것을 나는 아주 큰 보람으로 생각합니다. 저승이 있는지 모르지만 저승이 있다면 거기서도 기어이 만나서 지금까지 하려다 못한 이야기를 나눕시다. 그동안 부디 저승에서라도 끝까지 국민을 지켜주십시오. 위기에 처해 있는 이 나라와 민족을 지켜주십시오."

  그리고 노무현 대통령을 "타고난, 탁월한 정치적 식견과 감각을 가
진 우리 헌정사에 보기 드문 지도자, 어느 대통령보다도 국민을 사랑
했고, 가까이했고, 벗이 되고자 했던 대통령"이었다고 말했다. 또한
"노무현 대통령은 보기 드문 쾌남아"였다고 회고하고 "우리가 깨어
있으면 노무현 전 대통령은 죽어서도 죽지 않습니다."라고 맺고 있다.

마지막 연설

　　6월 남북정상회담 9주년이 다가왔다. 김 대통령은 노무현 대통령 서거 이후 쇠약해진 몸과 마음이 회복되지 않았다. 11일 6·15 9주년 연설도 5차례나 의사의 진료를 받고 어렵게 하셨다. 건강도 좋지 않고, 시국도 어려웠다. 김 대통령은 행사가 끝날 무렵 의료진의 만류에도 불구하고 행사장으로 찾아왔다. 종이에는 연설 요지가 적혀 있었다. 생애 마지막 연설이 된 연설을 시작했다.

　　김 대통령은 노무현 대통령과 자신의 생애를 비교하고, 여러 인연들을 열거하며 "노 대통령과 형제간이 아니었나 생각한다."며 노 대통령을 회상했다. 그리고 준비한 말을 시작했다.

　　"이명박 대통령은 지금 우리 국민이 얼마나 불안하게 살고 있는지 알아야 합니다. 개성공단에서 철수하겠다는 얘기가 나왔습니다. 북한에서는 매일같이 남한이 하는 일을 선전포고로 간주하겠다, 무력대항 하겠다고 말하고 있습니다. 세계에서 이렇게 60년 동안이나 이러고 있는 나라가 어디에 있습니까. 그래서 저는 이명박 대통령에게 강력히 충고하고 싶습니다. 전직 대통령 두 사람이 합의해 놓은 6·15와 10·4를 이 대통령은 반드시 지키십시오. 그래야 문제가 풀립니다.”

그리고 북한의 김정일 위원장에 대해서도 핵개발까지 나간 것은 절대로 지지할 수 없으며, 6자회담에 참가해서, 미국과 교섭해서 북핵 문제를 해결해야 한다고 강조했다. 그리고 미국 오바마 대통령도 한반도 문제 해결에 적극 나설 것을 촉구했다. 김 대통령은 다시 국내문제로 화제를 돌렸다.

“민주주의는 나라의 기본입니다. 얼마나 많은 국민들이 민주주의를 이룩하기 위해 죽었습니까. 광주에서, 인혁당 사건 등으로 많이 죽었습니다. 우리는 과거에 이승만, 박정희, 전두환 세 독재정권을 국민의 힘으로 극복했습니다. 그래서 여야 정권교체를 통해서 ‘국민의 정부’가 출범했습니다. 노무현 대통령이 당선되면서 그 모든 민주주의적 정치가 계속됐습니다. 우리 국민은 독재자가 나왔을 때 반드시 이를 극복하고 민주주의를 회복했다는 것을 우리는 명심해야 합니다. 저는 오랜 정치 경험과 감각으로, 만일 이명박 대통령과 정부가 지금과 같은 길로 계속 나간다면 국민도 불행하고, 이명박 정부도 불행하다는 것을 확신을 가지고 말씀드리면서, 이명박 대통령이 큰 결단을 내리기를 바라마지 않습니다.”

청중들의 박수가 이어졌다. 기자들은 김 대통령의 예상을 뛰어넘는 강도 높은 발언을 송고하기에 바빴다. 김 대통령의 연설은 여기에서 그치지 않았다.

"여러분께도 간곡히 피맺힌 마음으로 말씀드립니다. '행동하는 양심'이 됩시다. 행동하지 않는 양심은 악의 편입니다. 독재정권이 과거에 얼마나 많은 사람들을 죽였습니까. 그분들의 죽음에 보답하기 위해, 우리 국민이 피땀으로 이룬 민주주의를 지키기 위해서, 우리가 할 일을 다 해야 합니다. 사람들의 마음속에는 누구든지 양심이 있습니다. 그것이 옳은 일인 줄을 알면서도 행동하면 무서우니까, 시끄러우니까, 손해 보니까 회피하는 일도 많습니다. 그런 국민의 태도 때문에 의롭게 싸운 사람들이 죄 없이 세상을 뜨고 여러 가지 수난을 받아야 합니다. 그러면서 의롭게 싸운 사람들이 이룩한 민주주의를 우리는 누리고 있습니다. 이것이 과연 우리 양심에 합당한 일입니까."

"저는 여러분께 말씀드립니다. 자유로운 나라가 되려면 양심을 지키십시오. 진정 평화롭고 정의롭게 사는 나라가 되려면 행동하는 양심이 되어야 합니다. 방관하는 것도 악의 편입니다. 독재자에게 고개 숙이고, 아부하고, 벼슬하고 이런 것은 말할 필요도 없습니다. 우리나라가 자유로운 민주주의, 정의로운 경제, 남북간 화해 협력을 이룩하는 모든 조건은 우리의 마음에 있는 양심의 소리에 순종해서 표현하고 행동해야 합니다. 선거 때는 나쁜 정당 말고 좋은 정당에 투표해야 하고, 여론조사도 그렇게 해야 합니다. 그래서 4,700만 국민이 모두 양심을

햇볕정책의 전도사들과 함께.

갖고 서로 충고하고 비판하고 격려한다면 어떻게 이 땅에 독재가 다시 일어나고, 소수 사람들만 영화를 누리고, 다수 사람들이 힘든 이런 사회가 되겠습니까……우리 모두 행동하는 양심으로 자유와 서민경제를 지키고, 평화로운 남북관계를 지키는 일에 모두 들고 일어나서 안심하고 살 수 있는 나라, 희망이 있는 나라를 만듭시다."

이날 연설은 반향이 컸다. 김 대통령의 강도 높은 이명박 대통령에 대한 압박도 중요했지만, '행동하지 않는 양심은 악의 편이다'라는 김 대통령의 절규와 같은 외침에 참석자들과 네티즌들이 폭발적인 반응을 보였다. 그동안 김 대통령의 생애에 대해 잘 모르던 젊은 네티즌들도 김 대통령의 삶을 돌아보기 시작했다.

한나라당은 국회 본회의장 앞에서 중앙위원회를 열고 김 대통령의 '독재' 발언을 규탄하는 집회를 가졌다. 동교동 사저 앞 보수우익단체들의 집회는 여러 날 계속되었다. 그러나 인터넷 등 여론은 '국가원로로서 당연히 할 수 있는 발언'이라고 의사를 표시했다.

11일 6·15 9주년 연설 이후 김대중평화센터 홈페이지를 통해 대통령께 이메일이 답지했다. 예전에는 없던 일이었다. 이명박 정부 아래에서 민주주의 위기를 걱정하면서, 대통령께서 이룩하신 민주주의를 지키겠다, '행동하는 양심'으로 살겠다는 내용들이다. 특이한 것은 대부분이 젊은 여성들, 20대 전후의 여성들이다. 구구절절 대통령님에 대한 애정과 민주주의가 유린당하는 현실에 대한 착잡한 심정과 비판, 그리고 민주주의를 지키자는 다짐들이 들어 있었다.

김 대통령은 미국의 공영방송 라디오 채널인 NPR과 가진 인터뷰 내용을 언론에 배포했다. 대통령께서는 여기에서도 민주주의 문제를 말씀하셨다.

"한국의 민주주의가 역행하는 듯 보이는 것이 사실입니다. 일부는 10년 동안 세워 올린 민주주의가 무너지는 것이 아니냐는 우려를 합니다. 저는 이 문제에 대해서는 낙관도 비관도 하지 않습니다. 위기감을 가지고는 있지만, 반민주적인 시도를 굴복시키고 민주화를 확립할 수 있다고 생각합니다."

"담벼락에 욕이라도 하라"

11일 6·15 9주년 행사가 끝난 후 김 대통령은 6월 25일에 행사위원들을 신촌 거구장으로 초청했다. 행사위원 65명 중 30여 명이 참석했다. 여사님은 어젯밤 잠을 제대로 자지 못하셨다며 참석하지 않았다. 행사위원장인 한명숙 전 총리, 김원기 전 의장, 이해찬 전 총리를 비롯해 김정길 전 법무부장관, 박승 전 한은총재, 김성호 전 복지부장관, 김성재 전 문광부장관(사회), 정세현 전 통일부장관, 한승헌 전 감사원장, 남궁진 전 문광부장관, 김근식 경남대 교수, 김종오, 문정인 연세대 교수, 안주섭 전 경호실장, 김민하 전 민주평통수석부의장, 김상근 목사, 김춘진 의원, 김형문 한국유권자연맹 총재, 박경서 전 인권대사, 박선숙 의원, 박영숙 이사장, 류시춘 소설가, 윤철상 전 의원, 이훈평 전 의원, 이해동 목사, 조순용 전 청와대 정무수석, 최재승 의원 등이 참석했다.

　한명숙 총리가 인사말을 하고 정세현 장관이 행사 총평을 했다. 그리고 참석자 몇 분이 대통령님의 건강을 기원하는 건배를 하고 또 김 대통령의 지난 11일 연설에 대해 말씀을 했다.

　대통령께서 마무리 말씀을 하셨다. 김 대통령은 첫 부분부터 울음을 터뜨려 참석자들이 모두 비장하고 숙연해졌고 눈시울을 붉혔다.

　"내가 요즘 밤에 잘 때 내 아내와 손을 잡고(여기서부터 말씀을 못 이으시고 울먹이셨다) 기도를 한다. '예수님! 이 나라의 민주주의와 민생 경제와 남북관계가 모두 위기입니다. 이제 나는 늙었습니다. 힘도 없습니다. 능력도 없습니다. 어떻게 해야 합니까? 하루아침에 이렇게 됐습니다. 걱정이 많지만 저는 힘이 없습니다. 예수님께서는 하실 수 있는 힘이 있으니 내가 최대한 일할 수 있도록 저희 내외를 도와주십시오.'(오열하심) 이렇게 기도하고 잠을 잔다. 정치, 경제, 남북관계 위기가 온 것은 사실이다. 지난 10년 민주정부를 생각하면 내가 지금 꿈을 꾸고 있는 게 아닌가 생각한다. 너무 급해졌다. 기가 막히다."

　"나는 이기는 길이 무엇인지, 또 지는 길이 무엇인지 분명히 말할 수 있다. 반드시 이기는 길도 있고, 또한 지는 길도 있다. 이기는 길은 모든 사람이 공개적으로 정부에 옳은 소리로 비판해야 하겠지만, 그렇게 못하는 사람은 투표를 해서 나쁜 정당에 투표 안 하면 된다. 그리고 상당수는 나쁜 신문을 보지 않고, 집회에 나가고 하면 힘이 커진다. 작게는 인터넷에 글을 올리면 된다. 하려고 하면 너무 많다. 하다못해 담벼락을 쳐다보고 욕을 할 수도 있다. 반드시 지는 길이 있다. 탄압을 해도 무섭다, 귀찮다, 내 일이 아니라고 생각해 행동하지 않으면 틀림없이 지고 망한다. 모든 사람이 나쁜 정치를 거부하면 나쁜 정치는 망한다. 보고만 있고 눈치만 살피면 악이 승리한다…… 모두가 어떤 형태든 자기 위치에서 행동해서 악에 저항하면 이긴다. 적당히 하면 진다. 행동하지 않는 양심은 악의 편이다. 투쟁에는 많은 사람들을 동원해야 하기 때문에 비폭력 투쟁을 해야 한다. 많은 국민들을 동원하되 다치지 않도록 해야 한다. 때리면 맞고 잡아가면 끌려가고, 여기저기서 그렇게 하는데 어떻게 하겠느냐?"

11일에 이어 또다시 피맺힌 절규를 쏟아냈다. 오찬 행사가 끝나고 오후 4시 박지원 비서실장과 함께 응접실로 보고하러 들어갔다. 오찬 때 격동되셔서 걱정이었는데 목소리도 좋고 혈색도 좋다. 오찬 때 여러 분들이 이제는 우리들이 열심히 할 테니 대통령께서는 편히 쉬며 여생을 즐기시라고 했는데 여기에 대해 화답의 말씀을 하셨다.

"나는 밤에 잠이 들기 전에 생각하는 시간을 갖는다. 내 인생도 생각하고 나랏일도 생각한다. 일생 50년 동안 민주주의, 중소서민, 남북 문제를 위해 싸워왔다. 앞으로 언제 죽을지 모르는데 몸 사려서 할 말 안 하고, 끝났으니(은퇴했으니) (후배들에게) 너희들끼리 알아서 하고 하면 되지 않느냐 하는데 도저히 그런 감정을 가질 수 없다. 노무현 대통령 돌아가신 것이 애석하다. 살아가셨으며 둘이 나서서 했으면 큰 힘을 얻었을 것이다."

다음 날 몇 개 신문에는 김 대통령이 "때리면 맞고 끌고 가면 잡혀 가라"라는 제목으로 기사가 크게 나왔다.

입원

7월 12일 장맛비가 하루 종일 내렸다. 서울과 중부지역에 물폭탄이 쏟아졌다. 김 대통령은 12일 밤 14일 주한 유럽연합상공회의소에서 하실 연설문을 구술하고, 임동원 전 통일부장관에게 보내 의견을 들어보도록 하셨다. 그리고 김선홍 비서관에게 전화를 걸어 14일 연설문 낭독은 주최 측에서 우리말로 대신 낭독하고 동시통역을 하도록 하라고 하셨다. 또 저녁때는 박지원 의원의 보고를 받았다.

13일 아침 누워서 투석 치료를 받으시면서 임동원 장관의 연설문 수정에 대한 의견을 보고 받았다. 김 대통령은 그 의견대로 하라고 말씀하셨다. 이렇게 생애 마지막 연설문, 그러나 결국 낭독하지 못한 유고 연설문 '9·19로 돌아가자'는 완성되었다. 우리는 급히 영역본과 낭독본을 만들고, 내일 있을 행사 준비를 마쳤다. 내외신 기자들에게도 내일 연설 일정 등을 알려줬다.

그러나 오후에 들어와 분위기가 반전됐다. 대통령께서 미열이 있고 감기 기운이 있다는 것이다. 장석일 주치의(성애병원 의료원장), 정남식 박사(연세대 의대학장) 등 의사들이 사저로 달려왔다. 의사들은 폐렴 초기 증상인 것 같다며 입원해서 검진하고 치료를 받아야 한다고 말했다.

나는 며칠 전 시진핑 국가부주석과 탕자쉬엔 전 국무위원에 대한 완벽한 장문의 편지를 구술하시고, 이어 BBC TV와 1시간 동안 완벽하게 회견을 마치고 해서 '이제 회복했다'고 생각했었다. 그런데 그 판단이 틀렸다. 주치의 장석일 박사는 김 대통령님의 상태가 'general weakness'라고 했다. 전반적으로 허약해진 상태라는 것이다.

대통령께서는 오후 4시 30분경 승용차를 타고 동교동 사저를 떠나 신촌 세브란스 병원에 입원하셨다. 이것이 마지막 떠나는 길이라는 것을 아무도 생각하지 못했다. 사저를 떠나기 전 2층 내실에서 비서관들로부터 보고를 받으셨다. "내일(14일) 주한 유럽연합상공회의소 연설은 사정을 말하고 취소하고, 그쪽이 원하면 준비한 연설문을 보내주라."고 하셨다. 김 대통령의 사정을 들은 EU 상공회의소 측은 김 대통령의 건강이 먼저라며 행사를 취소했다.

그리고 5월의 중국 방문 중 만난 시진핑 중국 국가부주석, 탕자쉬엔 전 국무위원, 양원창 인민외교학회장 3인에게 보내는 감사 서신에 각각 '金大中'이라고 서명하셨다. 김 대통령은 생애 수많은 사람들에게 편지 쓰기를 좋아했다. 편지를 통해 자신의 생각을 전달하고 친분을 쌓았다. 이 편지와 서명은 김 대통령 생애 마지막 편지와 서명이 되었다.

나는 의료진과 협의해 대통령의 입원과 관련해 다음과 같이 발표했다. 이렇게 발표를 하지 않으면 억측과 소문이 난무했다. 모든 것을 알려주는 게 편했다.

"김대중 전 대통령께서 지난 주말부터 감기 기운과 미열이 있어 폐렴 여부에 대한 정밀 검진이 필요하다는 의료진의 권유로 13일 오후 신촌 세브란스 병원에 입원하셨다. 내일(14일) 하얏트 호텔에서 갖기로 했던 주한 유럽연합상공회의소(EUCCK) 초청 강연은 취소됐다."

기자들로부터 전화가 빗발쳤다. 나는 "위급한 상황, 응급상황이 아니며, 휠체어를 타고 걸어서 입원하셨다. 걱정하지 말라."고 추가 설명을 해주었다. 대통령님의 건강은 국내외에서 초미의 관심사였다.

대통령은 세브란스 병원 20층 VIP 병동 2011호실에 입원했다. 의사들이 모두 왔다. 장석일 주치의(천식), 정남식 박사(심장), 장준 박사(호흡기), 한대석 박사(신장) 등이 모여 김 대통령의 치료 문제를 상의했다. 나와 장석일 주치의, 정남식 박사는 별도로 언론 발표 등의 문제를 협의했다.

대통령을 수발하는 여사님의 손길이 분주해졌다. 여사님은 동교동 사저를 오가며 대통령의 식사를 직접 준비했다. 대통령께서 저녁식사가 끝나자 보고를 드렸다. 식사는 아주 잘하셨다. 김선홍 비서관은 유럽연합상공회의소 측에서 "대통령님이 쾌차하는 것이 우선이다."며 행사 취소를 너무 걱정하지 말라는 말씀이 있었다고 보고했다. 나는 국회 법사위에서 박지원 실장이 검찰총장 내정자 인사청문회에서 큰

건을 터트려 스타가 됐고, 대통령님 입원에 대해 내외신의 관심이 컸는데 "폐렴증상이 보여 입원했고, 위급한 상황이 아니다."라고 발표했다고 보고했다. 김 대통령은 약간 힘이 없어 보였을 뿐 큰 병에 걸린 환자로는 보이지 않았다.

주한 유럽연합상공회의소 초청 연설은 취소되었다. 이 연설문을 읽어보면 김 대통령이 생애 마지막 순간까지 얼마나 민족문제의 해결을 위해 혼신의 힘을 기울였는지를 알 수 있다.

"북한의 근본적 목표는 국가안보와 체제 보장, 북미 국교정상화와 경제협력을 통한 국제사회의 진출이다. 또한 한국과 미국의 궁극적인 목표 역시 북한으로 하여금 핵과 장거리 미사일을 포기하게 해서 태평양 국가들의 위협을 제거하는 것이다. 안전보장, 핵과 미사일 문제의 해결, 이것이 문제를 해결하는 핵심조건이다. 이 조건에 대한 합의는 이미 2005년 9·19 선언으로 합의되었다."

"오바마 대통령은 결단을 내려야 한다. '비핵화를 통한 점진적 관계개선'이라는, 장기간이 소요되는 단계별 접근방식을 지속하기에는 상황이 달라졌고, 사태가 급박하다. 북한의 핵무장을 조속히 막아야 한다. 미국은 '관계정상화를 통한 비핵화'라는 근본적이고도 포괄적인 접근방법으로 전환할 때가 되었다. 평화협정, 외교관계 수립, 경제협력 등 근본적인 문제 해결과 함께 핵 폐기를 실현하는 일괄타결방식으로 한반도에도 변화의 바람을 불러일으켜야 한다."

김 대통령은 몸이 불편한 가운데서도 상황을 정확히 읽고 있었으며, 북한 핵문제 해결을 위한 자신의 생각을 전달하고자 혼신의 힘을 기울였다. 입원하기 전날까지, 입원하는 날 아침 투석 치료를 받으시면서까지 이 연설문을 다듬었다.

37일간의 세브란스 입원

김대중 대통령은 2003년 2월 청와대에서 동교동으로 돌아오신 후 여러 차례 치료를 위해 병원에 입원하신 적이 있다. 간단한 검사나 이빨, 눈 치료를 위해 외래진료를 하기도 했다. 10여 일이 넘는 입원생활도 몇 차례 하신 적이 있었다. 그때마다 김 대통령은 걸어서 혹은 휠체어를 타고 병실에서 나와 동교동 집으로 돌아왔다. 그러나 이번 입원은 결국 그런 기회가 주어지지 않았다.

김 대통령은 입원한 후 호흡곤란 증상으로 급격히 산소포화도가 떨어졌다. 그리고 중환자실로 옮겨졌다. 김 대통령의 중환자실 입원은 입원 후 폐렴이 확인된 데다가, 의식과 호흡은 잘 유지하고 있지만, 합병증 발생에 대비하고, 안전한 치료를 위해서, 또 외래 방문객으로부터 당시 유행하던 신종 인플루엔자 등의 감염을 차단하기 위해 의료진이 내린 결정이었다. 응급상황이나 위독한 것은 아니고, 그런 상황에 대비한 조치였다. 이희호 여사님께서 방문자들에게 말씀하셨다.

"하나님께서 5번이나 죽음의 고비에서 당신을 살려주셨는데 이번에도 한 번만 더 살려주시면 좋겠다. 그렇게 하실 것이다. 대통령님은 꼭 일어나신다. 나는 그것을 확실히 믿는다."

그러나 우리들은 모두 불안했다. 16일에는 기도삽관, 즉 인공호흡기를 부착했다. 폐렴에 급성 호흡곤란증후군이 추가된 것이다. 1차 쓰나미가 몰려온 것이다. 의사들은 고비라며 만반의 준비를 하라고 했다. 믿을 수가 없었다. 중환자실의 각종 기계장치들이 대통령님과 연결되어 있었다. 대통령님은 한없는 잠에 빠져 계셨다.

입원 37일 동안 나는 각종 억측과 소문, 언론사들의 취재에 시달렸다. 기자들은 어디에서 들었는지 '위독하다' '고비다' '의식이 없다'는 등의 기사를 쏟아냈다. 나는 '호전되고 있다' '위급한 상황은 아니다' '안정되고 있다'는 등의 말을 반복했다.

김 대통령은 호흡기 삽관 후에도 눈동자는 필담으로 의사소통이 가능했다. 김 대통령은 필담으로 호흡기 부착의 고통을 호소하기도 하고, 직원들을 부르기도 했다. 4일 만에 호흡기를 뺐다. 모두 안도했다. 언론은 호흡기 제거 소식을 특보로 알렸다. 호흡기를 뺀 김 대통령은 "내가 이번에 죽을 고비를 넘겼다." "죽기 아니면 살기로 했다."며 호흡기 삽관의 고통을 말했다.

박지원 비서실장이 중환자실에서 면회를 했다. 박지원 실장은 민주당 상황을 보고하고, "민주당이 잘하고 있으니 걱정 마시고 빨리 쾌차

하셔야 한다."고 보고했다. 그러자 대통령께서 오른손을 들어 저으며 "단결" "연합"을 반복하셨다. 병원에 입원하기 전에도 민주당 문제에 대해 말씀하실 때면 여러 차례 강조하신 말씀이다. 민주당의 흩어져 있는 여러 세력들은 '단결'하고, 야 4당과 시민단체들은 크게 '연합'해야 한다는 것이다.

대통령의 병세가 장기화될 조짐을 보이자 세 명의 비서관들은 3일에 하루씩 밤에 이희호 여사님과 함께 병실을 지키기로 했다.

호흡기를 제거한 후 중환자실에 계실 때의 일이다. 이른 아침 병실 소파에서 자고 있는 나를 여직원이 깨웠다. 중환자실에서 대통령께서 찾으신다는 것이다. 부랴부랴 옷을 입고, 대충 얼굴을 닦고 9층 중환자실로 내려갔다. 나 혼자였다. 6시 20분이었다. 김 대통령은 눈을 뜨고 깨어 있으셨다. 내가 대통령께 "오늘은 입원 10일째 아침입니다." 하고 먼저 말했다. 그러자 대통령께서는 나에게 "집으로 가고 싶다." 고 말씀했다. 나는 "여사님께서는 병원 20층에 계십니다. 여사님 모셔 오겠습니다." 하고 말했다. 이희호 여사님을 모시고 중환자실로 다시 내려갔다. 대통령님은 또렷한 목소리와 손짓으로 여사님과 말씀을 나누었다. 그리고 대통령께서 나를 보시더니 몇 가지 질문을 계속해서 던지셨다. 의식도 또렷하고 목소리도 작지만 분명하게 전달됐다.

"국회 상황이 어떠냐?"

나는 지금 미디어법 때문에 대치중이며 상황이 어렵다고 말했다.

이어서 "전망은 (어떠냐)?"고 물으셨다.

나는 여당이 직권 상정해 강행 처리를 할 것 같다고 말씀드렸다.

이어서 "민심은 (어떠냐)?"고 물으셨다.

나는 70~80% 국민이 강행 처리를 반대하고 있고 노동조합, 시민단체들도 집회를 계속하고 있다고 말씀드렸다.

김 대통령은 병중에도 정치권의 동향과 민심을 알고 싶어 하셨다.

김 대통령은 중환자실을 힘들어 했다. 의사들에게 "2~3일 살아도 집에서 있고 싶다.""내 병보다 (중환자실) 환경이 더 견디기 힘들다."고 말했다.

이날 인요한 박사(세브란스 외국인진료소 소장)가 인턴 학생들과 함께 20층 이희호 여사 방문에 앞서 우리들에게 '중환자실(ICU) 사이코시스'에 대해 설명했다.

"나나 최 비서관을 중환자실에 3, 4일 눕혀놓으면 밤낮이 구분이 안 가고 정신이 이상해진다. 대통령께서 오죽하겠느냐."

결국 의료진들은 회의를 거쳐 대통령님을 일반병실로 옮기기로 결정했다. 환자인 대통령님의 강력한 요구를 받아들인 것이다. 아직 주의 깊은 관찰이 필요하지만 대통령님의 안정을 위해 조치를 취한 것이다. 장준 교수는 혼란이 더 심해지면 안 좋은 상황이 올 수 있기 때문에 일반병실로 옮기기로 했다고 했다. 대기하는 의료진들과 의료장비는 중환자실 상태와 같았다.

대통령께서는 중환자실에 계신 지 8일 만에 일반병실로 오셨다. 일반병실에 오신 뒤 몇 가지 시술을 받아야 했다. 시술 때문에 식사를 하지 못했다. 윤철구 비서관이 "무엇을 드시고 싶으냐?"고 물었다. 대통령께서는 "생선이 먹고 싶다."고 하신다. 물론 음식을 직접 드실 수는 없고 코줄 튜브로 음식을 공급해야 한다. 음식을 드시고 싶은 심정은 알겠지만 들어드릴 수 없는 말씀이었다.

일반병실로 옮긴 것이 일부 언론에 먼저 보도됐다. 세브란스 측의 누군가가 먼저 알려준 것이다. 나는 밤 9시경에 연합뉴스와 뉴시스에 "폐렴증세가 호전돼 일반병실로 옮겼다. 다만 주의 깊은 관찰이 필요하고 외부인 면회는 일체 안 된다."고 알려주었다.

이날 일반병실로 옮기는 시간에 국회에서는 이윤성 국회부의장의 사회로 미디어법이 날치기로 통과됐다. 여야 의원들 사이에 격렬한 몸싸움이 있었다. 대통령께서 20층 병실로 들어오시는 순간에도 아수라장이 된 국회 본회의장 모습이 TV에 계속 비쳐졌다. 재투표, 대리투표 논란이 일어났다. 아침에 대통령님께 보고한 대로 상황이 전개됐다. 대통령은 이러한 사실을 알지 못했다.

일반병실로 옮겼지만 대통령께서는 밤새 거친 숨을 몰아쉬었다. 땀으로 등이 흥건히 젖어 두어 차례 옷을 갈아입어야 했다. 대통령님도 직원들도 여사님도 한숨도 자지 못했다.

그러나 그날 밤 고열에 시달리며 다음 날 중환자실로 이동했다. 호흡기 삽관이 이어지고, 끝내는 기관지 절개까지 진행됐다, 시간이 흐를수록 의사들의 표정은 어두워졌다. 이희호 여사님의 기도가 길어지고 찬송은 높아졌다.

병원에 찾아온 사람들

병원에는 많은 사람들이 찾아왔다. 이명박 대통령과 김영삼, 전두환 전 대통령을 비롯해 정관계의 주요 인사들이 찾아왔다. 가족들과 측근비서들인 이른바 '동교동계' 인사들은 병원 주위를 떠나지 않고 지켰다. 그러나 중환자실에 있는 김 대통령을 직접 볼 수는 없었다.

병원에 찾아온 분들 중 기억에 남는 분들이 있다. 입원한 지 얼마 되지 않아 '대장부엉이'와 '3국 카페'라는 인터넷 동호인 모임 회원 두 명이 찾아왔다. 그리고 김 대통령의 쾌유를 비는 편지 모음집(리플북) 〈김대중! 당신이 있어서 행복합니다—젊은 네티즌들이 보내는 메시지〉를 전달했다. 여기에는 250여 페이지 700여 명의 젊은 여성들의 편지가 실려 있었다. 이희호 여사님께서 두 분 젊은 여성들과 함께 차를 마시며 "감사하다."고 말했다. 두 분 여성들은 눈물을 흘리며 여사님께 이렇게 이야기했다.

"저는 서울에서 태어났습니다. 죄송스런 말씀이지만 어렸을 때 김
대중 대통령에 대해 안 좋은 이야기를 듣고 자랐습니다. 그러나 커서
는 진실을 알게 되었습니다. 지금 우리가 이렇게 편하게 사는 것이 누
구의 덕인지 잘 알고 있습니다. 병세에 대한 속보가 뜨면 7, 8백 명의
회원들이 댓글을 올리며 안타까워합니다."

"우리가 지금 이렇게 행복하고 자유롭게 살 수 있는 것은 대통령님
과 여사님 같은 분의 희생 속에서 얻은 것이라는 것을 잘 알고 있습니
다. 두 분이 희생을 당할 때 우리는 아무것도 돕지 못했습니다. 앞으로
는 우리가 열심히 해서 대통령님의 뜻을 따르겠습니다."

나는 두 분 젊은 여성들의 말에 놀랐다. 김 대통령과 이희호 여사에
게는 손녀뻘 되는 나이의 젊은 여성들이었다. 김대중 대통령은 비록
병상에 누워 사경을 헤매고 있지만 김 대통령의 생애와 정신은 이렇게
젊은이들에게 이어져 가고 있었다. 이희호 여사님은 이 책을 들고 중
환자실로 내려가 대통령님께 표지를 보여드리고 주요 내용을 읽어드
렸다. 그리고 머리맡에 놓아드렸다.

대통령께서 운명하시기 4일 전인 8월 14일 전두환 전 대통령이 병
문안을 왔다. 전날 병문안을 온다는 연락이 오자 나는 기자들에게 전
두환 전 대통령의 방문과 관련해 다음과 같은 내용을 설명해주었다.

"평소 대통령께서 용서는 최고의 용기이며, 관용은 정치의 최대 덕

목이라고 말해오셨다. 자신을 죽이려 했던 두 전직 대통령을 사면 복권한 것은 용서와 화해와 실천으로, 노벨위원회가 노벨평화상을 수여한 이유로 말하기도 했다. 그리고 김 전 대통령은 '사람은 용서하되 민주주의에 장애가 되는 제도는 모두 바꾼다'는 원칙을 가지고 있었다."

이날 오전 11시 전두환 전 대통령이 왔다. 전두환 전 대통령은 15분여 동안 혼자서 말을 다 했다. 여사님은 단 세 마디 정도 했다. '대통령께 오셨다는 말을 전하겠다.' '오셨다는 말씀 들으면 위로가 될 것이다.'는 통상의 손님들에게 하는 말도 일체 하지 않으셨다. 전두환 전 대통령은 김 대통령 때가 전직 대통령들이 가장 행복했다고 말했다. 과거의 일에 대해서는 한 마디 말이 없었다. 전두환 대통령은 병원 로비를 나가면서 기자들에게 둘러싸였지만 한 마디 말도 하지 않고 나갔다. 한 시민이 그를 향해 '학살자'라고 외쳐 일순 긴장했다. 로비에는 서대문경찰서의 사복형사들이 수십여 명이 깔렸다.

이어서 12시에 광주에서 '5월 어머니집'의 안성례 관장, 이귀님 어머니를 비롯한 할머니 7명이 찾아왔다. 나는 할머니들을 일부러 방송 카메라가 있는 곳으로 안내했다. 전두환 전 대통령과 대비해 보도하기 적절한 소재였다. 할머니들은 의연했다. 같은 날 전두환 전 대통령이 왔다는 소식에 기이한 인연이라고 놀랐다. 기자들로부터 전두환 전 대통령의 방문에 대해 질문을 받은 어머니들은 "김 대통령 말씀처럼 이제는 용서하고 화해할 때"라고 말했다. 그러면서 "전두환 얼굴은 한 번 보고 싶다"고 했다. 나는 이희호 여사님 면회를 마친 고향 할머니들에게 점심을 사드렸다. 할머니들은 아직도 치료 받고 있는 5·18 부상자가 있는 서울 강동에 있는 병원으로 면회를 간다고 했다. 이날 밤 방송들은 전두환 대통령과 5·18 어머니들의 병문안을 대비해 보도했다. 나는 이 두 장면을 보면서 역사의 화해란 아름다운 것이지만 그 길은 어려운 것이라는 것을 느꼈다.

현대사 특강

병원에 있는 37일 동안 나는 많은 기자들을 만나야 했다. 사회부 기자 초년생들이 병원을 지켰다. 기자들은 취재 열기는 넘쳤지만 너무 젊고 취재 경험이 부족했다. 대부분은 30대 초반의 나이로 80년대 이후 출생한 기자들이었다. 청와대에서, 그리고 동교동에서 만난 정치부 기자들과는 달랐다. 그들이 취재하기에는 김 대통령은 너무 스토리도 많고 배경이 많은 분이었다.

먼저 기자들은 김 대통령을 몰랐다. 김 대통령이 걸어온 행적과 역사를 잘 알지 못했다. 그리고 김 대통령 주변 인물에 대한 지식도 부족했다. 나는 하나하나 설명을 해야 했다. 병원 생활이 길어지고 기자들과 지내는 시간이 많아지자 나는 아예 기자들을 병원 앞 나무 그늘로 모이도록 했다. 병원 로비도 있었지만 입원 중인 환자들과 찾아오는 면회객들에게 불편을 주지 않아야 했다. 기자들은 '최경환 비서관의 현대사 특강 시간'이라며 모여들었다.

나는 71년 대통령 출마, 73년 동경납치사건, 80년 광주 5·18과 사형 선고 등 주요 사건들과 김 대통령의 가족과 주변 인물들, 면회 오는 사람들과 김 대통령의 인연들에게 대해 설명했다. 웬만한 정치부 기자들에게는 기본적인 배경지식이었지만, 나이 어린 사회부 기자 초년생들에게는 모두가 생소한 것이었다. 이 현대사 특강은 병원 앞 나무 그늘에서 오래 계속되었다.

서울신문 오달란 기자는 김 대통령 서거 후 국장 기간 동안 '기자 초년병이 본 DJ 서거'라는 제목의 칼럼을 썼다. 당시 세브란스 병원 상황을 이렇게 묘사했다.

"고 김대중 전 대통령이 폐렴으로 서울 연세대세브란스병원에 입원한 뒤 병세가 위중했던 지난 7일부터 서거한 날까지 매일 아침 병원 앞 벤치에서는 '현대사 특강'이 열렸다. 김 전 대통령 측의 최경환 비서관이 '강사'였고 기자 생활 1~3년차의 사회부 기자 10여 명이 '수강생'이었다. 이 시간을 통해 김 전 대통령이 한국 현대사에 지울 수 없는 흔적을 남긴 인물이었음을 깨달았다. 그가 겪은 5번의 죽을 고비, 그 가운데 1973년 도쿄 피랍사건과 1980년 사형선고의 비화를 생생히 전해 듣는 것만으로도 기자 초년병들에게는 살아 있는 역사공부가 됐다."

한편 두 번째로 중환자실로 옮긴 김 대통령의 병세는 점점 악화되었다. 폐렴, 호흡곤란증후군에 이어 합병증이 나타났다. 의사는 김 대통령의 상황을 이렇게 말했다.

"전쟁터에서 부상병을 치료하고 데려가는데 포탄이 떨어지고 총알이 날아오고 지뢰가 터지고 넘어야 할 산도 있고 건너야 할 강도 있는 형국이라 생각하면 된다."

일반인이라면 아무런 문제가 되지 않지만 저항력이 약해진 김 대통령에게는 신경 쓰이는 일들이 많았다. 회복해서 퇴원하자면 1,000발자국을 가야 하는데 하루는 100발자국을 왔고, 다음 날은 50발자국을 왔다. 그러다가 또 200발자국을 뒤로 물러나는 상황이 계속되었다. 가족들과 비서들은 앞으로 나아갔다는 소식에 기뻐하고 뒤로 물러났다는 소식에 절망했다. 위기적인 상황이 몰아치는 일들도 많았다. 가족들은 몇 차례나 마지막을 지키기 위해 병원에서 대기해야 했다.

김 대통령이 병원에 입원해 있을 때 모든 사람들이 쾌유를 빈 것만도 아니었다. 보수지 중앙일보 문창극 대기자는 기명 칼럼을 통해 김 대통령이 돌아가시기 전에 자신의 비자금과 재산 해외 유출 의혹에 대해 수사를 해야 한다고 병석에 있는 대통령을 향해 '악담'을 해댔다. 그 며칠 전에는 김진 논설위원이 '김 대통령이 봉기를 촉구했다'는 내용의 악의적인 칼럼을 썼다.

여기에 가족들과 측근 비서들의 분노가 하늘을 찔렀다. 어떻게 병석에서 사경을 헤매는 분에게 그런 악담을 할 수 있는가. 중앙일보 문창극 대기자의 칼럼에 대해 네티즌들이 분노했다. "사경을 헤매는 전직 대통령에 대한 예의가 아니고, 인간에 대한 예의도 아니고, 문창극은 대기자도, 기자도 아니다."라고 비판했다.

문창극 대기자의 칼럼에 대해 오연호 오마이뉴스 사장이 화가 단단히 났다. 점심을 먹고 있는데 "제가 트위터에 문창극 칼럼은 내가 본 최악이고, 인간에 대한 예의가 없고, 대기자 자격이 없다고 썼다."고 문자가 왔다. 이어서 오후에는 오마이뉴스에 기명 기사를 올렸다. 오연호 사장은 "사경 헤매는 DJ 등에 비수 꽂기, 〈중앙〉 문창극·김진, 비겁한 게임 그만두라"라는 제목의 기사에서 "인간에 대한 예의가 없는 칼럼"이라고 규탄했다. 왜 김진 논설위원에 이어 문창극 대기자까지 2주 연속 중앙일보에 이런 기사가 올라오는지를 다음과 같이 분석했다.

"노무현 전 대통령의 서거 이후 5백만 명이 조문을 했고 지금도 그 바람은 '노무현 공부하기'로 이어지고 있다. 그들은 그것의 재판을 바라지 않는다. 김대중 전 대통령의 '마지막까지 최선을 다하는 삶'도 많은 젊은 세대에게 감동을 줘왔다. 〈중앙〉 칼럼이 겨냥하는 비겁한 게임의 목적은 상처 주기다. 독자들에게, 젊은 세대들에게 그에게는 배울 것보다는 배우지 말아야 할 것이 더 많다는 것을 주입하고 싶은 것이다. 그들은 '잃어버린 10년'이라고 말해오지 않았던가? 그런데 노무현 재평가 바람으로, 이제 김대중 다시 보기 바람으로 그 논리가 무너져 내리고 있으니 그것이 안타까워 비겁한 게임을 하고 있는 것이다."

이 기사에 네티즌들의 지지 댓글이 많이 달렸다. 많은 분들이 전화와 문자로 중앙일보를 규탄했다.

도저히 참을 수 없는 내용이었다. 나는 박지원 실장과 협의하고 최재천 고문변호사의 도움을 받아 중앙일보에 보낼 반론보도문을 작성했다. 중앙일보 측은 우리 쪽과 줄다리기 끝에 내 이름으로 반론보도문을 게재했다.

문창극 대기자 칼럼 '마지막 남은 일'에 대한 반론보도문
(중앙일보, 2009. 8. 12)

중앙일보 문창극 대기자의 칼럼 '마지막 남은 일'(2009년 8월 4일자)을 통해 김대중 전 대통령과 관련한 비자금 조성과 재산 해외 도피 의혹을 제기한 데 대해 중앙일보와 문 대기자에게 깊은 유감을 표한다. 문 대기자가 제기한 내용들은 전혀 사실무근이다. 김 전 대통령은 대통령 취임 전, 대통령 재임 시, 대통령 퇴임 후를 막론하고, 어느 시기 어느 경우에도 불법 비자금을 가진 적도 만들어 본 적도 없다. 만들려고 시도해 본 적조차도 없다. 뿐만 아니라 국내외를 막론하고 일체의 은닉 재산도 없다. 문 대기자가 김 전 대통령에 대해 의혹을 제기하기 위한 근거로 삼은 월간조선의 기사나 일부 인사들의 발언 등은 이미 전혀 사실이 아닌 것으로 확인됐다. 언론들 스스로의 사과와 확인을 통해서였다. 또한 법원의 판결과 검찰의 공식 발표를 통해서였다. 문 대기자의 주장은 어떠한 근거도 없는 것이다. 김 전 대통령의 명예에 심각한 해악을 끼칠 뿐이다.

지금까지 여타 언론들의 관련 보도와 정정보도 및 사과의 형태는 이러했다. 첫째, 문 대기자는 칼럼에서 월간조선의 '비자금 3000억 조성'(2007년 1월호) 보도를 문제 삼았는데, 월간조선은 같은 해 10월호에 그 보도 내

용이 사실무근이라는 내용의 반론문을 게재하고 사과했다. 둘째, 월간조선 2005년 12월호에 'DJ 미국 비자금설'을 보도한 S기자는 이른바 김 전 대통령의 비자금 관리인으로 지목된 교포로부터 명예훼손 혐의로 고소당해 2007년 3월 검찰로부터 기소 처분됐고, 법원은 고소한 교포에게 승소 판결을 내렸다. 셋째, 주간동아는 김 전 대통령의 2007년 5월의 독일 방문이 스위스 계좌와 관련이 있다는 내용을 보도했다가 2007년 10월 16일자(606호)에 반론문을 게재하고 김 전 대통령에게 사과했다. 넷째, 일요서울은 김 전 대통령의 비자금 조성, 노벨상 공작 의혹을 보도했다가 법원의 중재로 2009년 3월 23일 정정보도문을 게재하고 사과했다. 다섯째, 한나라당의 주성영 의원은 김 전 대통령의 100억원 CD 의혹을 제기했으나 2009년 2월 검찰은 김 전 대통령과 아무런 관련이 없다고 공식 발표했다.

사실 관계가 이러하듯 문 대기자가 제기한 김 전 대통령의 비자금 의혹이나 재산 해외 유출 의혹은 이미 재탕, 삼탕으로 언론에 거론됐다가 사실무근으로 재차, 삼차 확인됐으며, 해당 언론사는 정정보도문 등을 게재하고 사과했다. 그럼에도 문 대기자는 이런 객관적이고 분명한 사실을 외면했다. 더욱이 병석에 계신 전직 대통령에 대한 최소한의 예의도 없는 행위다. 중앙일보가 김 전 대통령의 명예와 인격을 훼손한 데 대해 깊은 유감의 뜻을 표명한다.

최경환(김대중 전 대통령 비서관)

운명의 날

　　나는 김대중 대통령께서 병원에 계신 37일 동안 집과 병원을 오가며 생활했다. 병원에서는 20층 병실과 9층 중환자실을 오가며 김 대통령의 병세를 살피고 면회객을 맞았다. 나는 어느 날 중환자실에서 이희호 여사님과 함께 대통령님의 다리를 주물러드렸다.

　　나는 대통령님의 얼굴을 모두 내 머릿속에 담으려고 노력했다. 수십 년간 지혜와 경륜을 펼쳐오셨던 머리, 잘생긴 얼굴, 대중을 사로잡던 눈, 사자후를 내며 수많은 유세와 연설과 강연을 했던 입과 목, 세상을 들이삼킬 포부와 누구도 꺾지 못할 용기로 가득 찼던 가슴, 온 세계를 쉼 없이 뛰어다녔던 다리.

　　나는 대통령님의 발바닥을 쓰다듬으며 민주주의, 자유, 정의, 평화, 통일, 화해와 협력을 위해 하루도 쉬지 않고 온 세계를 누비며 다녔던 대통령님의 노고를 위로했다.

그리고 나는 기도를 했다. 병을 이겨내고 동교동 사저로 돌아가 응접실에서 휠체어에 앉아서 자애로운 모습으로 비서관들과 역사와 인생을 이야기하는 모습을 떠올렸다. 나는 그렇게 되게 해주기를 간절히 기도했다.

그러나 그 기도는 이루어지지 않았다. 운명의 날이 왔다. 당직을 서고 있던 나는 새벽 여사님과 함께 9층 중환자실로 대통령께 면회를 갔다. 여사님은 어느 때처럼 병원 시트 밑으로 손을 넣고 대통령님 손을 부여잡고 고개를 숙이고 기도를 했다. 배 위에는 여사님께서 짜서 덮어드린 배 덮개가 놓여 있었다. 링거 병을 거는 거치대에는 윤일선 신부님이 전달한 묵주가 걸려 있었다.

아침 일찍 장준 교수가 보내준 문자 메시지가 왔다.

"산소(의존도) 100%에 산소포화도 88~90%…… 혈압상승제 추가……"

산소의존도가 100%이니 자발호흡이 거의 없다는 뜻이다. 산소포화도가 88%까지 내려갔으니 위급하다. 윤철구 비서관도 아침 일찍 달려왔다. 항상 "일어나실 것"이라며 직원들을 격려했던 윤 비서관도 상황을 예견한 듯 말했다.

"오늘이 고비다. 심장의 펌프질하는 힘도 약하다."

여사님은 9시 20분 세 번째 면회를 갔다. 그 뒤로는 계속 중환자실에 계셨다. 가족들과 측근들에게 소식을 알렸다. 모두 병원으로 오라는 것이었다.

오전에 민족종교협의회 한양원 회장, 최근덕 성균관장, 김동환 천도교령이 와서 여사님과 둘째 아들 김홍업 전 의원을 만나 위로했다. 다른 문병객들이 왔지만 여사님은 만날 경황이 없었다. 대신 김홍업 전 의원, 박지원 실장, 측근 인사들이 인사를 대신 받았다.

장준 교수로부터 위급한 내용의 문자가 계속 왔다. 대통령님의 혈압은 떨어지고 산소포화도는 계속 떨어졌다. 여사님은 중환자실에서 대통령님의 마지막 모습을 지켜봤다. 가족들의 마지막 면회가 이어졌다.

임종의 시간이 오고 있었다.

10시 30분 첫째 자부, 둘째 아들과 자부, 셋째 아들과 자부, 그리고 손자 손녀들이 도착했다. 10시 45분 김종국 신부가 미사를 집전했다. 쾌유미사가 아닌 종부미사가 됐다.

11시 10분 가족들은 마지막 인사를 했다.

"감사합니다."

차남 김홍업 전 의원은 "책임을 지고 가정을 잘 이끌어 화목한 가정을 책임지고 만들겠습니다. 어머님을 잘 모시겠습니다."고 말씀드렸다.

대통령님의 건강과 의료, 생활, 살림을 담당하고 있는 윤철구 총무비서관은 "대통령님께서 항상 말씀하셨듯이 끝까지 사모님 모시고 살 것입니다. 행복했습니다. 감사했습니다."라고 말했다.

박지원 비서실장은 "대통령님께서 바라고 원하시던 모든 일이 잘 되고 있습니다. 대통령님께서 병원에 입원하신 이후 남북화해와 국민화합도 이루어지고 있습니다. 민주당도 잘하고 있습니다. 하시던 말씀 잘 지켜 나갈 것입니다. 편히 쉬십시오. 여사님을 끝까지 잘 모시겠습니다." 하고 말했다.

이어서 11시 50분 불편한 몸을 이끌고 휠체어를 타고 첫째 아들 김홍일 전 의원이 도착했다. 장남인 김홍일 의원은 마지막 아버지 모습을 보고 말문이 트였다. "아 버 지"라고 외쳤다.

장준 교수의 문자는 계속됐다. 혈압은 점점 떨어지고 산소포화도도 떨어졌다.

잠시 20층에 올라가셨던 여사님은 검정 옷을 갈아입고 셋째 아들과 함께 다시 중환자실로 내려왔다. 여사님은 대통령님과의 마지막 이별을 준비하고 있었다. 대통령님의 혈압과 산소포화도는 계속 떨어졌다.

여사님은 하나님께 마지막 간구를 했다. 애원이었다.

"하나님, 마지막으로 한 번만 더 저희에게 보내주세요."

같은 시간에 장준 교수가 보낸 마지막 메시지가 왔다. 이제 소생의 길은 없었다. 혈압과 산소포화도가 회복할 수 없는 지경이 됐다.

측근들도 모두 도착했다. 권노갑, 한화갑, 한광옥, 김옥두 그리고 박지원 비서실장도 임종을 지켰다. 참석자들은 모두 "대통령님, 사랑합니다."를 합창했다.

첫째 아들 김홍일 전 의원의 따님 중 한 분이 대통령님의 가장 큰 짐이 무엇인지를 아는 듯 "할아버지, 아버지 잘 모실게요."라고 말했다. 대통령님은 자신 때문에 파킨슨병에 걸려 일어서지도 못하고 말도 못하는 큰아들을 제일 걱정했다. 입원하기 며칠 전에도 큰아들 집을 찾아 아들을 위로할 정도였다. 여사님이 마지막으로 말했다.

"정 그렇게 가시려거든 여기는 아무 걱정 하시지 말고 편히 가세요."

그러자 대통령님께서 모든 상황을 이해하시는 듯 눈가에 눈물이 흘렀다. 윤철구 비서관이 거즈로 대통령님의 눈물을 닦아드렸다.

이어서 중환자실 계기판에서 '뚜뚜' 소리가 나는 경고음이 울렸다. 정남식 의과대학장이 1시 43분 '대통령님께서 서거하셨습니다'고 임종을 선언했다. 대통령님께서는 어느 때보다도 아주 편안하고 평화로운 모습이었다.

이렇게 대통령님은 세상을 떠나셨다.

믿고 싶지도 않고 믿기지도 않은 현실이었다.

전 방송사들이 실시간으로 대통령님의 심장이 멎은 사실을 특보로 내보냈다. 20층 병실은 적막했고, 여기저기서 흐느끼는 소리가 그치지 않았다. 병실 TV의 '김대중 대통령 서거' 큰 자막이 대통령님의 서거를 믿을 수밖에 없는 현실로 보여주었다.

오후에 여러분들의 면회가 예정돼 있었지만, 이 일정은 진행되지 못했다. 오후 4시에는 개신교 3차 예배가 6층 예배실에서 김상근 목사의 설교로 쾌유기도회가 예정돼 있었다. 이 기도회는 목사님들만이 모여 추모기도회로 진행됐다.

　김상근 목사는 전날 밤 나에게 '한계 상황에서의 후광의 신앙'이라는 제목의 설교문을 만들어 먼저 보내주었다. 이 설교는 이루어지지 못했다. 마지막 구절은 대통령님의 〈옥중서신〉의 한 대목을 소개하는 것으로 끝났다.

　"저는 후광께서 스스로 쑥스러워 편지에 쓰기를 주저하셨다는 대목을 소개함으로 설교를 마치려 합니다. 이 쑥스러운 이야기, 우리의 기도가 되기를 바랍니다.

　'여기 꿈 이야기를 하나 적습니다.……여기 와서 5일밖에 안 된 2월 4일 밤이었습니다. ('여기'란 청주교도소입니다.) 꿈에 내가 큰 수레(화물운반용)에 실려서 인부들에 끌려 교외로 나갔습니다. 큰길의 바른쪽이 막막한 넓은 들인데 나를 들 저쪽에다 버려서 죽게 한다는 것입니다. 그런데 갑자기 변경되어 길 바로 옆에다 버렸습니다. 그러다 다시 짐수레에 실렸습니다. 그렇지만 날씨가 너무 춥고 나는 거의 발가벗겨진 상태였기에 그대로 시내로 되돌아온다 해도 얼어 죽을 것이 틀림없었습니다. 그때 갑자기 하늘에서 하느님이 보내신 빛이 내려왔습니다. 내가 쳐다보니까 두 줄기 붉은 빛이 내려오는데 그 저쪽은 구름에 가려서 안 보였습니다. 그 빛은 나를 싣고 있는 수레 위로 내려오더니 타원형으로 가는 구름같이 꾸불꾸불한 모양으로 나의 주위를 감싸주었습니다. 덕분에 전신이 후끈하게 따뜻했으며 수레를 이끄는 인부들도 따뜻하다고 좋아했습니다. 그리하여 수레가 무사히 시내로 들어와서 어떤 공회당 같은 한식 기와집 앞에 선 것으로 꿈은 끝났습니다. 물론

김대중 대통령 서거 후 기자들 앞에서 브리핑.

이것은 한낱 꿈에 불과한 것이겠지만 나로서는 참 기쁘고 영광스러운 꿈이었습니다.' (『김대중 옥중서신』 1981년 3월 19일자 제8신)

이 꿈이 오늘 다시 이루어지기를 간절히 기도합니다."

김상근 목사의 간절한 기도는 이루어지지 못했다.

오후 2시 30분 세브란스 병원 기자실에서 박창일 의료원장, 정남식 학장, 장준 교수 그리고 박지원 실장 등과 함께 공식발표를 위해 기자들 앞에 섰다. 박지원 실장은 함께 준비한 '발표문'을 읽어 내려갔다.

"존경하는 국민 여러분! 평화를 사랑하는 세계 각국의 여러분!

대한민국 제15대 대통령을 역임하셨고 노벨평화상을 수상하신 김대중 대통령께서 8월18일 오후 1시 43분 연세대 신촌세브란스 병원에서 서거하셨습니다. 그동안 쾌유를 기원해주신 국민 여러분과 세계의 모든 분들에게 깊은 감사를 드립니다. 정성을 다해 치료해주신 의료진에게도 감사드립니다. 앞으로 이희호 여사를 비롯해 가족들의 뜻을 잘 받들고, 정부와도 긴밀히 협조해서 김 전 대통령의 마지막 가시는 길을 정중히 모시겠습니다. 감사합니다. 2009년 8월 18일"

이어서 박창일 원장이 세브란스 병원을 대표해 발표했다.

"김 전 대통령이 오늘 오후 1시 43분 서거하셨다. 7월 13일 폐렴으로 입원하셨지만 마지막에는 다발성 장기부전으로 인해서 심장이 멎으셨고 급성 호흡곤란증후군과 폐색전증 등을 이겨내지 못하셨다."

그는 심폐소생술을 했느냐는 질문에는 "생명을 더 연장할 가능성이 있을 때 시도를 하지만 고령이신데다 다발성 장기손상으로 인해 더 견뎌내지 못할 것으로 판단해 하지 않았다."라고 답했다.

"인생은 생각할수록 아름답다"

　　8월 18일 김 대통령의 시신은 세브란스 병원 영안실로 옮겨
졌다. 병원 영안실에 임시 빈소가 만들어졌다. 임시 기자실도 만들어
졌다. 기자들은 김 대통령의 유언이 있느냐고 물었다. 그러나 김 대통
령이 적어놓은 유언은 발견되지 않았다.

　돌아가신 이튿날 이희호 여사님을 모시는 직원이 나에게 두터운 노
트 2권을 전해주었다. 여사님께서 대통령님 서재 서랍 속에서 찾으신
것이라고 했다. 나는 그 노트를 열어보고 깜짝 놀랐다. 김 대통령께서
직접 적은 일기였다. 2008년은 한 해 전체가 적혀져 있고, 2009년에는
5월경까지 적혀 있었다. 나는 대통령께서 매일매일 일기를 쓴다는 것
을 전혀 알지 못했다. 일기 내용 또한 놀라운 내용이 많았다.

　일기에는 남북관계나 북한 핵문제에 대한 코멘트, 이명박 정부에 대
한 언급, 찾아오신 분들을 만난 후의 인상 등 여러 가지 내용이 적혀

있었다. 특히 김 대통령은 이희호 여사님에 대한 애틋한 감정을 숨기지 않고 일기에 적어놓고 있었다. 그리고 주변의 꽃과 나무의 변화, 사저 정원에 찾아온 참새와 비둘기 숫자까지 적어놓았다. 2009년에 들어와 몸이 허약해질 무렵부터는 건강을 기원하는 내용도 만났다. 그리고 지난 살아온 인생을 돌아보는 내용도 많았다. 인생을 마무리하는 심정을 차분히 적어 놓고 있었다.

나는 박지원 비서실장에게 몇 가지 내용을 뽑아내 작은 책으로 만들어 조문객에게 나누어 주면 좋겠다는 의견을 말했다. 나는 국민들이 김 대통령의 마지막 생각과 모습을 보여주고 싶었다. 이렇게 해서 김대중 대통령의 마지막 일기 「인생은 아름답고, 역사는 발전한다」가 간행되게 되었다. 이 소책자는 많은 국민들을 울렸다.

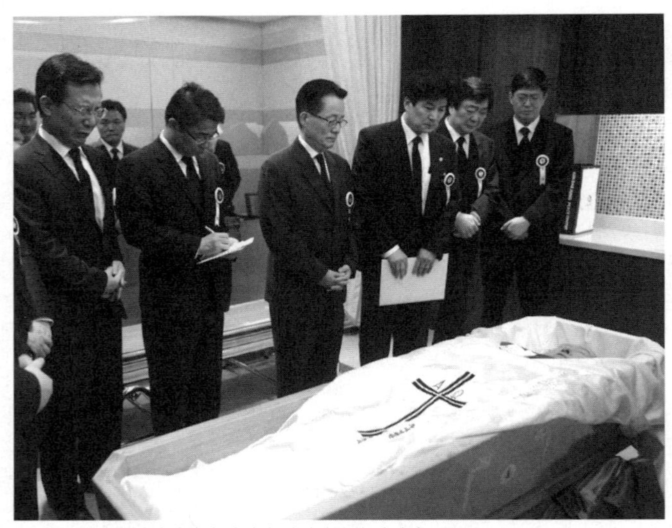

김대중 대통령 입관식에서 마지막 비서관들의 마지막 보고.

국회에 정식 빈소가 마련되고 국민들의 분향이 시작되었다. 국장은 6일간으로 정해졌다. 국장, 동작동 현충원 안장, 국회분향소 설치는 박지원 비서실장이 청와대와 협의해 이루어진 것이다. 김 대통령이 이룩하신 업적을 보았을 때 당연한 것이었지만 청와대는 처음에는 난색을 표했다.

나는 국장 기간 동안 언론에 국장 진행 상황을 브리핑하는 일을 맡아 했다. 매일매일 주요 조문객, 이희호 여사님을 비롯한 유족들의 동정, 장례일정, 해외인사들의 추모 메시지, 김 대통령의 유품 등을 소개했다.

김 대통령 국장은 '세계장'이 되었다. 클린턴 대통령은 이희호 여사에게 전화를 걸어와 조문인사를 했다. 10여 개 나라에서 조문특사를 보내왔다. 북한 김정일 위원장도 김기남 비서를 비롯한 주요 인사들로 구성된 '조문특사단'을 보내왔다. 북측 조문특사단은 국회 빈소에서 조문하고 별도로 동교동 김대중도서관 집무실에서 이희호 여사를 만나 김정일 위원장의 조의를 직접 전달했다.

또한 조문특사단은 이명박 대통령을 만났다. 국민들은 김 대통령 서거 후 고위급 조문특사단의 서울 방문으로 남북 간에 대화가 복원되기를 기대했다. 그러나 이명박 정부는 이 기회를 살리지 못했다. 김 대통령은 죽어서까지 이명박 대통령에게 기회를 만들어주었지만 이 대통령은 끝내 손을 잡지 않았다.

김대중 대통령의 생애 마지막 호소

김 대통령은 생애 마지막까지 국민들에게 호소했다. 김 대통령은 현실 정치를 떠나신 분이었지만, 생애를 마무리하시는 순간까지 나랏일에 대해 대안을 가지고 국민들에게 호소했다. 우리 시대의 지도자 중에서 죽는 순간까지 민족의 문제에 대해 이런 호소를 하신 지도자가 있었을까? 매주 3회, 하루 4~5시간씩 투석 치료를 받으면서도, 입원해 누워 있으면서까지도 나랏일을 걱정했다.

김 대통령의 첫 번째 호소는 남북문제는 6·15공동선언으로, 북한 핵문제는 9·19공동성명으로 돌아가야 한다는 것이었다. 6·15공동선언은 2000년 최초의 남북정상회담에서 합의한 것이다. 9·19성명이란 2005년 미·중·러·일·남·북 6자가 합의한 것으로 북한은 핵을 포기하고, 미국은 북한의 안전보장, 평화협정 체결, 경제 지원을 한다는 내용을 포함하고 있다.

김대중 대통령은 돌아가시던 해인 2009년 5월 초 중국 베이징을 방문해 시진핑 국가부주석을 만나 "9·19성명을 실천하자. 6자회담을 동북아의 평화안보협력기구로 만들자."고 주장해 중국의 동의를 얻었다. 중국에서 서울로 돌아오신 다음 날인 5월 8일 보즈워스 미국의 대북정책 특별대표를 동교동 사저에서 만나 북미대화와 6자회담의 복원에 대해 의견을 교환했다.

5월 18일 생애 마지막 공식 만찬을 빌 클린턴 전 미국 대통령과 함께했다. 이 만남을 앞두고 김 대통령은 며칠 동안 심사숙고하며 힐러리 클린턴 미 국무장관에게 보내는 장문의 문서를 작성했다. 이 문서에서 김 대통령은 지난 20년간의 북핵문제 역사에서 성공과 실패의 사례를 열거하고, 북미 직접대화와 6자회담 협상을 통해 북한 핵문제를 해결하도록 권고했다. 그리고 빌 클린턴 대통령에게 역할을 해줄 것을 부탁했다.

김 대통령은 남북 긴장이 높아져가는 것을 보시면서 서해상 충돌을 걱정했다(2009년 6월 8일, 중앙일보 회견). 이 예측은 불행히도 적중했다. 김 대통령은 생애 마지막 연설이 된 6·15공동선언 9주년 연설(6월 11일)에서 이명박 대통령에게 말했다.

"강력히 충고하고 싶습니다. 전직 대통령 두 사람이 합의해 놓은 6·15와 10·4를 이 대통령은 반드시 지키십시오. 그래야 문제가 풀립니다."

그리고 금강산 관광을 재개하고, 개성공단 노동자 숙소 건설 약속을 지켜야 한다고 주장했다.

김 대통령의 생애 마지막 연설문 제목은 '9·19로 돌아가자'였다. 유럽연합상공회의소의 초청으로 예정(7월 14일)됐던 이 연설은 7월 13일 입원 때문에 유고 연설이 되고 말았다. 김 대통령은 이렇게 생애 마지막 순간까지 남북문제는 6·15공동선언으로, 북한 핵문제는 9·19공동성명으로 돌아가 해결할 것을 호소했다. 그러면서 가을쯤에는 북미대화가 시작되고 동북아 평화체제 논의도 진행될 것으로 예견했다. 세브란스 병원 중환자실에서 클린턴 전 대통령의 방북 소식을 듣고, 인공호흡기 때문에 말씀은 못하셨지만 관련 기사를 계속 읽어달라고 손짓까지 했다.

이명박 정부는 김 대통령의 권고대로 6·15공동선언과 10·4선언의 이행을 약속하고, 대북 인도적 지원, 금강산 관광, 개성 관광의 재개를 선언해야 한다. 6자회담 문제에 대해서도 과거 2005년 9·19성명 합의와 6자회담에서 했던 것처럼 북핵문제의 당사자로서 우리 정부의 적극적 역할이 필요하다. 북·미·중·일은 대화를 하는데 남북 간에만 냉랭한 관계가 계속된다면 한국 정부는 6자회담에서 외톨이가 될 것이 뻔하다. 국민들은 한국 정부가 6자회담에서 방관자가 되는 것도, '왕따'가 되는 것도 원하지 않는다.

김 대통령의 두 번째 호소는 민주당과 야당, 시민 세력은 단결하고 연합하라는 것이었다. 김대중 대통령은 세브란스 중환자실에 누워 계시면서도 민주당과 그 주변 세력들은 하나로 단결하고, 야당들과 시민 단체는 연합해야 한다고 말했다. 입원하시기 전에도 '단결'과 '연합'

김대중 대통령 서거 후 위클리경향과 인터뷰를 마치고.

을 주문 외우듯 하셨다. 한때 병석에서 하신 '민주당 정세균 대표를 중심으로 단결하라'는 말씀이 정치권의 논란이 된 적이 있는데, 그것은 김 대통령으로서는 너무도 당연한 말이었다. 합법적으로 선출된 대표를 중심으로 단결하라는 것이다. 새삼스러운 말도 아니었다. 손학규 전 민주당 대표에게 '50년 정통야당의 계승자'라고 한 것과 같은 맥락의 말씀이다. 비서관들이 병원에서 함께 들었고, 입원하시기 전에도 항상 강조하셨던 말씀이다. 이명박 정부 출범 이후 민주당은 소수 의석으로 힘든 투쟁을 해왔다. 그러나 아직도 정책면에서나, 인물면에서나 민주당은 취약하다. 주변 세력들도 당 바깥에 옹기종기 모여 있다. 민주당이 단결하고 분발해야 한다. 또 중요한 것은 민주당은 야당 및 시민 세력들과 함께 '연합의 정치'를 보여줘야 한다.

　김대중 대통령은 오랜 정치생활에서 수차례 연합을 추구했다. 이를 통해 야당 세력을 통합하고 재야 세력과 젊은 신인을 정치에 충원하며 힘을 키웠다. 여당에 비해 절대적으로 불리한 정치지형, 즉 지지 기반의 열세, 재정 기반의 취약, 적대적이기까지 한 언론 환경을 통합과 연합을 통해 극복했다. 1997년 정권교체도 이른바 'DJP 연합'을 통해 이룩했다.

김대중 대통령은 '연합'의 방도도 말해주었다. 연합을 위해서는 타협과 협상이 필요하다. 김 대통령은 병원에 입원하시기 직전 "자기를 버리면서 큰 틀로 연대하지 않으면 안 된다. 내가 크니까 7을 차지하고 나머지 3을 (연대에 참여하는 세력들이) 나눠 가지라는 식으로 해선 곤란하다."고 말했다. 그리고 "(협력하고 있는 타 정파에) 30~40석을 양보해서 우리가 60석을 얻어 모두 100석을 얻을 것인지, 따로따로 나가서 40석만 얻을 것인지 그것은 분명하다. 빈손으로 말 것인지, 아니면 전체 10개 중 5개라도 얻어서 2~3개씩이라도 나눠 갖는 것이 나은지 그것은 분명하다."고 말했다.

국민들은 절실히 바라고 있다. 민주당과 주변의 정파들, 야당과 시민 세력이 하나로 단결하고 연합해 거대 여당과 멋있는 경쟁을 해주기를 바라고 있다. 리더십은 기득권을 지키면서 현실에 안주할 때에는 절대로 나오지 않는다. 리더십은 단결과 연합을 통해, 내부의 경쟁을 통해 국민들에게 희망을 보여줄 때 국민이 키워주는 것이다.

세 번째 호소는 이명박 정부를 향한 것이었다. 생애 마지막 순간에 김 대통령의 가장 큰 걱정거리는 이명박 정부였다. 2007년 12월 이명박 대통령이 당선되자 김 대통령은 이명박 대통령 당선자에게 기대를 가졌다. 이 대통령이 기업을 한 분이고, 실용적 생각을 가진 분이기 때문에 나랏일을 잘 해나갈 것으로 기대했다. 이명박 대통령은 후보 시절 김 대통령을 찾아와 남북관계에서 햇볕정책이 옳은 방향이라고 몇 차례 말하기도 했다.

그러나 2008년 촛불집회 이후 이명박 정부에 대한 김 대통령의 걱정은 커졌다. 젊은이들이 거리에서 두들겨 맞고, 언론인들이 재판정에 서는 등 언론통제 의도가 노골화되고, 재임 중 심혈을 기울인 국가인권위원회의 역할이 축소되고, 시민단체들이 압력에 시달리는 모습을 보면서 민주주의의 후퇴를 걱정했다. 2009년 1월 1일에는 "꿈만 같다. 민주정부 10년으로 민주주의는 반석 위에 있는 줄 알았다. 내가 착각했다."고 자책하시기도 했다. 그러면서 이명박 대통령이 이런 길을 간다면 불행해질 수 있다고도 말했다.

부자 편향의 정책이 계속되고, 사회복지가 축소되고, 800만 명 비정규직의 처지와 생활형편을 바라보면서 서민들의 삶을 안타까워했다. 6·15공동선언과 10·4선언이 부정되고, 개성과 금강산 관광이 중단되는 등 남북관계가 반목과 대립으로 가는 것을 보고 '10년 공든 탑이 무너지고 있다'며 개탄했다.

2009년 5월 23일 노무현 대통령 서거 소식을 들으시고는 "내 몸의 절반이 무너지는 심정이다. 나라도 그랬을 것이다."라고 분노했다. 이때 김 대통령은 마음만큼이나 몸이 크게 상했다. 의료진은 5월 29일 노무현 대통령의 영결식 때 경복궁 담벼락 옆에 앰뷸런스를 대기시켜 놓고 만일의 경우에 대비하기까지 했다. 끝내 권양숙 여사의 손목을 붙잡고 오열했다.

김 대통령은 대통령을 지내신 분으로서 이명박 대통령이 성공해야 나라가 성공할 수 있다는 생각을 가지고 있었다. 이 대통령의 불행은 국민의 불행이라고 생각하셨기 때문에 김 대통령은 이 대통령이 올바른 방향으로 돌아와주기를 바랐다. 김 대통령은 "나라가 잘못된 길을 가고 있을 때 먼저 말해 경계하도록 하는 것이 대통령까지 지낸 사람으로서 당연히 할 일"이라고 말했다.

김대중 대통령의 네 번째 호소는 국민들을 향해 '행동하는 양심'이 되라고 호소한 것이다. 김 대통령은 '행동하지 않는 양심은 악의 편이다'는 말씀을 국민들에게 남기고 돌아가셨다. 김 대통령은 평생을 '행동하는 양심'으로 사셨다. 김 대통령은 이명박 정부 아래서의 3대 위기, 즉 민주주의의 위기, 서민경제의 위기, 남북관계의 위기를 보고, 국민들을 향해 '행동하는 양심'으로 민주주의를 지키는 야경꾼이 되어주길 호소했다. 김 대통령은 이렇게 끝까지 국민들을 믿었다. 국민들이 '행동하는 양심'이 돼 이명박 정부의 역주행을 바로잡아줄 것을 믿었다.

『김대중 자서전』

　　나는 김대중 대통령이 서거하신 후 연세대 김대중도서관 객원교수로 임명되었다. 학생을 상대로 하는 강의는 없었지만 김 대통령과 관련된 각종 자료들을 정리하는 일이 맡겨졌다.

　　먼저 시급한 일이 김 대통령의 서거로 중단된 『김대중 자서전』 원고를 마무리하고 출판하는 일이었다. 김 대통령의 자서전 작업은 7년여에 걸친 대작업이었다. 2004년부터 시작된 이 작업은 40여 차례가 넘는 김 대통령의 구술, 비서실의 기본자료 작성, 관련자들의 증언, 기초원고의 작성 등 많은 인력과 시간이 투여되었다. 김 대통령은 이 작업을 꼼꼼히 살피고 자료와 원고를 검토했다.

　　나는 김 대통령의 자서전 진행 책임을 맡은 비서관이었다. 전체 지휘는 박지원 비서실장이 맡았다. 김 대통령의 자서전이 나오기까지는 많은 분들이 참여했다. 김 대통령은 병원에 입원하기 직전 경향신

김대중 대통령의 자서전을 위한 구술을 최종 마무리하고.

문 김택근 논설위원에게 '자서전 편집위원'을, 김대중평화센터의 장옥추 국장에게는 '편집위원보'라는 임명장을 수여하고 자서전 편집을 맡겼다. 김택근 논설위원은 현직 언론인으로서 2004년부터 김 대통령의 자서전 작업에 참여했다. 모든 구술과 회의에 참석하고 집필을 맡았다. 3년여 동안 김택근 논설위원은 원고와 피 말리는 싸움을 해야 했다. 장옥추 국장은 90년대 중반경 김 대통령을 모시기 시작해 야당, 청와대, 퇴임 후까지 20여 년 가까이 김 대통령을 가까이서 보좌한 여비서였다. 김 대통령은 김택근 논설위원의 글을 크게 칭찬했다. 김 대통령은 일기장에 "김 사장은 글을 참 잘 쓴다"고 적어놓기까지 했다. 장옥추 국장은 "영민하다"며 칭찬을 아끼지 않았다. 장 국장은 정말로

김대중자서전을 마무리하고 편집위원 김택근 경향신문 논설위원과 장옥추 국장과 함께 동교동 정원에서.

영민한 비서였다. 김 대통령의 재임 중 만난 사람, 일정, 주요 대화내용, 사진자료 등을 빠짐없이 기억해내거나 자료들을 찾아냈다. 진행책임을 맡은 나와 김택근 논설위원, 장옥추 국장은 서거 이후 1년여 동안 휴일을 잊고 일했다. 최종 원고는 이희호 여사께서 수정하고 마무리했다.

이 밖에도 자서전 작업에 참여한 분들은 많다. 먼저 김대중도서관의 2대 관장 류상영 교수, 3대 관장 김성재 석좌교수, 장신기 연구원이 수고했다. 이분들은 관련 자료와 연표들을 정리하고 김 대통령의 구술을 진행했다. 시기별로, 분야별로 질문지를 만들고 구술이 끝난 후에는 녹취록을 작성했다. 이것이 자서전 집필의 기초가 되었다.

　한겨레신문의 정석구 논설위원은 신문사를 1년간 휴직하고 재임 시절 경제 분야 기초 원고를 작성했다. 청와대 정무수석실에서 김 대통령을 보좌한 김찬 행정관은 50년대부터 90년대까지 김 대통령과 관련된 정치사건들을 자료로 정리했다. 소설가인 류시춘 씨도 1차 원고 작성에 참여했다.

　서거 1주기를 며칠 앞둔 2010년 8월초 『김대중 자서전』이 세상에 나왔다. 우리는 책을 들고 현충원을 찾아 김 대통령 묘소 앞에 바쳤다. 장옥추 국장은 한없이 눈물을 흘렸다. 7년여의 작업이 마무리된 것이다.

　나는 『김대중 자서전』이 과연 어떤 평가를 받을지 궁금했었다. 더욱이 1,400여 페이지에 달하는 방대한 분량에 책값도 만만치 않았다. 그러나 반응은 폭발적이었다. 초판, 재판, 삼판이 바로 매진되고 8만 세트(상하 한 세트) 이상이 보급되었다. 단행본으로 따지면 30만부 이상이 된다고 했다. 평가도 좋았다. 김 대통령의 생애가 진실되고 감동적으로 표현되고 구성과 글도 좋았다는 평가를 받았다. 『김대중 자서전』은 명저가 되었다. 앞으로 후세들이 김 대통령을 이해하고 공부하고 연구하는 1차적인 자료가 될 것이다. 간혹 모임에 나가면 김 대통령의 자서전을 읽고 있다고 하는 말을 많이 들었다. 나는 지난 7년여 동안 김 대통령과 함께, 그리고 이 작업에 참여한 분들을 기억하며 내 생애 가장 보람된 일 중 하나를 했다고 생각하며 큰 자부심을 느꼈다,

　김대중 대통령은 2009년 초 일본의 이와나미 출판사로부터 편지를 받았다. 김 대통령의 자서전이 출판되면 일본어판은 자신의 출판사에서 내고 싶다는 내용이었다. 김 대통령은 이와나미 출판사의 오카모토 편집장에게 편지를 보냈다. 원고가 완성되면 이와나미에 신세를 지

겠다는 내용이었다. 일본 이와나미 출판사는 김 대통령과 인연이 깊다. 1970년대 일본에 망명 중일 때, 그리고 73년 납치사건부터 시작해 이와나미 출판사 사장, 편집장들과 두터운 교분을 맺고 있었다. 이와나미에서 발행하는 잡지 세카이(世界)는 김 대통령과의 인터뷰를 통해 일본 사회에 김 대통령의 생각을 많이 전한 잡지였다. 김 대통령은 어려웠을 때 자신을 도운 이와나미와의 인연을 소중히 생각해 일본어판을 이와나미에 넘기기로 한 것이다. 인세 등 계약에 필요한 어떤 조건도 붙이지 않았다. 서거 이후 김 대통령의 이 편지는 유지가 되었다. 우리는 이와나미와 계약을 체결하고 원고를 넘겼다. 『김대중 자서전』 일본어판은 2권으로 2011년 3월에 출판되었다. 지금 중국어판이 번역 중이다. 앞으로 여러 나라에서 번역이 진행될 예정이다.

나는 『김대중 자서전』을 마무리하는 한편 『김대중 리더십』을 책으로 정리하기로 하고 원고를 쓰기 시작했다. 『김대중 리더십』을 쓰게 된 동기는 이렇다. 민화협에 다니는 한 후배와 저녁식사를 하는데 그 후배가 나에게 "김대중 리더십을 정리해보면 어떻겠냐"는 말을 들었다. 마침 지방과 서울의 시민단체 등에서 초청을 받아 김 대통령의 생애와 정신, 리더십 등을 주제로 강연을 하고 있던 참이었다.

나는 그 제안을 받고 김 대통령의 리더십의 유형을 8가지로 나누어 정리했다. '원칙과 철학의 리더십', '국민과 역사를 믿는 리더십'. '실사구시의 리더십', '원칙과 현실을 조화시키는 리더십', '참여와 실천의 리더십', '관용과 화해의 리더십'. '대화와 연합의 리더십', '세계인으로 사는 리더십' 등이 바로 그것이다. 여기에다가 비서관으로 김 대

김대중 대통령 서거 후 전국으로 〈김대중 리더십〉 강연을 다녔다. 광주 흥사단에서의
김대중 리더십 강의(2009년)

통령에게 직접 들었던 여러 가지 에피소드를 섞어 구성했다.

『김대중 자서전』이 출간된 그해 연말에 『김대중 리더십』이라는 제목으로 출판했다. 책은 반응이 좋았다. 특히 젊은이들이 김대중 대통령을 쉽게 이해하는 데 큰 도움이 된다고 했다.

나는 지금도 서점에 가면 『김대중 자서전』곁에 내가 쓴 『김대중 리더십』이 놓여 있는 것을 보고 '마지막 비서관'으로 내 임무를 하나 마쳤다고 생각하고 뿌듯한 생각을 한다. 모두가 김 대통령 덕분이다.

김 대통령 서거 이후 김 대통령을 모신 비서관들이 모였다. 김대중 대통령의 정신을 계승하는 청년조직을 만들어보자는 논의가 진행됐다. 여기에는 직접 청와대에서 모신 분들도 있었고, 당과 정부에서 일한 분들, 시민단체 간부들, 학자들, 사이버 상에서 김 대통령을 추모하는 활동을 하는 분들이 참여했다.

김대중 대통령이 돌아가신 후 김대중 정신 계승을 목표로
〈행동하는 양심〉을 창립했다.(2009년 3월)

행동하는 양심 창립대회에서 경
과보고.(2010년)

우리는 2010년 3월 '사단법인 행동하는 양심'을 창립했다. 김대중 대통령과 3·1민주구국선언 사건(1976년)과 5·17내란음모사건(1980년)으로 두 차례 감옥 생활을 함께하신 이해동 목사님을 이사장으로 모셨다. 나는 3인의 상임이사 중 한 사람으로 참여했고, 초대 운영위원장을 맡아 일했다. (사)행동하는 양심은 '김대중독서클럽', '김대중 배우기강좌' '청년김대중캠프' '일본 동경납치사건 현장 방문' 등 다양한 활동을 벌였다.

김대중 대통령이 돌아가신 후 2010년, 2011년 8월 서거일을 즈음하여 국내외에서 다양한 추모활동이 전개됐다. 이희호 여사님이 이사장으로 있는 (사)김대중평화센터, 그리고 연세대 김대중도서관이 주축이 되었다. 젊은이들이 참여해 결성된 (사)행동하는 양심도 많은 사업을 벌였다. 전국 각지에서 자발적으로 추모위원회를 결성해 추모, 기념사업을 전개했다. 나는 추모일이 다가오면 전국을 돌며 김 대통령의 추모사업과 행사를 지원하고 협력하는 일을 했다. 추모 강연회, 음악회, 학술회의, 영화제 등이 전국 곳곳에서 열렸다.

학계에서도 김대중 대통령의 정치철학, 정책을 연구하기 시작했다. 김 대통령의 민주주의론, 햇볕정책, 동아시아공동체, 복지정책 등에 관한 연구논문, 석박사 학위논문들이 발표되었다. 연세대 신학과 대학원생은 김 대통령의 신앙을 주제로 박사학위를 받기도 했다. 나는 이런 연구자들로부터 김 대통령의 행적과 관련한 자료의 소재, 사실관계 확인 요청을 받고 답해주었다.

김 대통령 생애 마지막 곁을 지키면서 나는 김 대통령의 말씀을 기록하는 일을 맡았다. 퇴임 후 7년 가까이 김 대통령의 언론 회견이나, 국내외 인사들과의 면담 자리에 배석해 김 대통령의 말씀을 모두 기록했다. 비서관들과의 비공식 자리에서도, 임종을 앞두고 세브란스 병실에서 계신 37일간도 그 일을 멈추지 않았다. 이 일은 공보비서관으로서의 내 임무였다.

김 대통령의 말씀을 받아 적은 손수첩이 100여 권이 넘는다. 나는 때때로 그 수첩들을 열어보며 그때의 상황과 김 대통령의 말씀을 회상해보곤 한다. 한 치도 흐트러짐 없이 상황을 정확히 읽고 가지런하게 정리된 말씀을 보며 한순간도 나랏일과 세상일을 멀리하지 않으셨던 김 대통령의 모습을 보게 된다.

나는 언젠가 내 수첩에 적어놓은 김 대통령의 말씀을 정식 기록으로 남길 계획이다. 김대중 대통령은 세상을 떠나셨지만, 공보비서관으로서의 내 임무는 아직도 끝나지 않았다.

자전 에세이를 마치며

1

역사는 우리에게 많은 교훈을 준다. 그러나 그 역사를 잊어버리면 동시에 역사가 주는 교훈도 잊게 된다. 개인도 마찬가지다. 아무리 위대한 사람이라도 그 인물의 행적을 잊게 되면 그 정신도 잊게 된다. 회상하고 기억할 때만이 그 정신을 이어갈 수 있다.

예수의 생애는 성경을 통해 전승됨으로써 그 위대한 정신과 가치를 2000여 년 동안 인류가 칭송할 수 있었다. 우리 민족의 영웅 이순신 장군도 『난중일기』 등을 통해 그 행적이 전승됨으로써 이순신 장군의 조국애와 충절을 후세가 찬양할 수 있었다. 김대중 대통령도 마찬가지다. 김 대통령이 우리 현대사에, 대한민국의 민주주의 역사에 영원히 기록되기 위해서는 김 대통령의 생애, 행적 들을 기억하고 회상해야 한다.

이런 점에서 김 대통령께서 쓰신 『김대중 자서전』이 나와 있긴 하지만, 더 많은 작품들이 나오기를 기대한다. 평전, 소설, 드라마, 연극, 영화, 뮤지컬, 노래, 시 등 김 대통령의 생애와 정신을 형상화하는 많은 작품들이 나와 김 대통령의 생애의 행적을 기록하기를 바란다. 이런 작품들을 통해 김 대통령을 기억하고, 추억하고, 회상함으로써 그 정신과 철학을 이어갈 수 있을 것이다.

2

이제는 대학생이 된 아들이 고등학교 시절, 아빠 엄마가 같이 관계된 1981년의 학림사건 재판 판결문을 우연히 읽고 말했다.

"아빠, 엄마, 왜 나에게 이런 이야기를 진작 해주지 않았어요."

아들은 심각한 표정으로 말했다. 아빠 엄마가 민주화운동을 하다가 만났다는 것을 알았지만, 판결문에 나온 자세한 내용을 보고 느끼는 게 있었던 모양이었다.

나는 내 아들과 딸이 사는 세상이 우리 세대가 살던 아픈 시대로 돌아가지는 않을 것으로 믿는다. 또 내 아들과 딸이 아빠 엄마 세대의 고

민에 사로잡혀 있거나, 과거의 기억에 사로잡혀 미래의 선택에 영향을 받지 않길 바란다. 이미 우리나라는 30, 40년 전 아빠 엄마 세대가 상상할 수 없는 시대로 접어들었다.

다만, 나는 아들과 딸이 아빠 엄마 세대의 아픔, 노력이 후세들을 위한 헌신이었고, 그렇게 사는 것을 의무로 느꼈다는 것을 기억해주길 바란다. 아빠 엄마 세대의 노력을 자랑스럽게 생각하기를 바란다. 아빠 엄마 세대의 노력이 있었기에 오늘날 우리가 누리는 자유, 민주주의 세상을 가져왔다는 것을 알아주길 바란다.

3

대학 2학년 시절에 일어난 5·18 광주민주항쟁과의 운명적 만남이 없었다면 내가 김대중 대통령을 모시는 자리까지 가지 않았을 것이다. 두 차례의 감옥 생활과 김대중 대통령과의 만남은 모두가 운명적으로 이어져 있다. 이런 점에서 성인이 되어 지나온 30여 년 나는 한길을 걸었다고 생각한다.

김대중 대통령께서 서거하신 후 그분의 유지, 유훈을 받들기 위해 직접 정치에 참여하려고 결심했지만, 나에게 크게 변한 것은 없다. 지난 30년 그렇게 살았듯이 나는 권력을 누리거나, 사적 이해를 확대하는 일에는 관심이 없다. 가족, 친구, 이웃의 삶들을 보고 민주화운동에 참여했듯이 그런 삶을 계속하고 싶고, 그런 생활이 즐거울 뿐이다. 김 대통령도 "가족, 친구, 이웃을 위해 일할 기회가 있을 때 그들을 위해 봉사하는 것이 '행동하는 양심'이다."라고 나에게 가르쳤다.

그동안 맺은 여러 인연들을 소중히 가꾸고, 그 속에서 새로운 인연을 찾아갈 것이다. 정치가 그런 인연을 가꾸는 데 장애물이 될 수도 있다고도 생각하지만, 내가 진심을 다한다면 꼭 장애물이 되지 않을 수도 있다고 생각한다.

자전 에세이형식으로 쓴 이 책『배움의 시간』은 내 삶을 고스란히 적은 것이다. 더 많은 이야기들이 있지만, 스스로 생각할 때 내 삶에 영향을 준 기쁘고 슬픈 중요한 사연들을 담았다. 앞으로도 많은 사연들이 생겨날 것이다. 거기에는 매 순간 그랬듯이 두려움이 앞서는 게 사실이다. 그러나 나는 그동안 나에게 도움을 준 많은 분들, 특히 김대중 대통령께서 주신 용기와 지혜가 내 앞길을 밝혀주리라 믿는다.